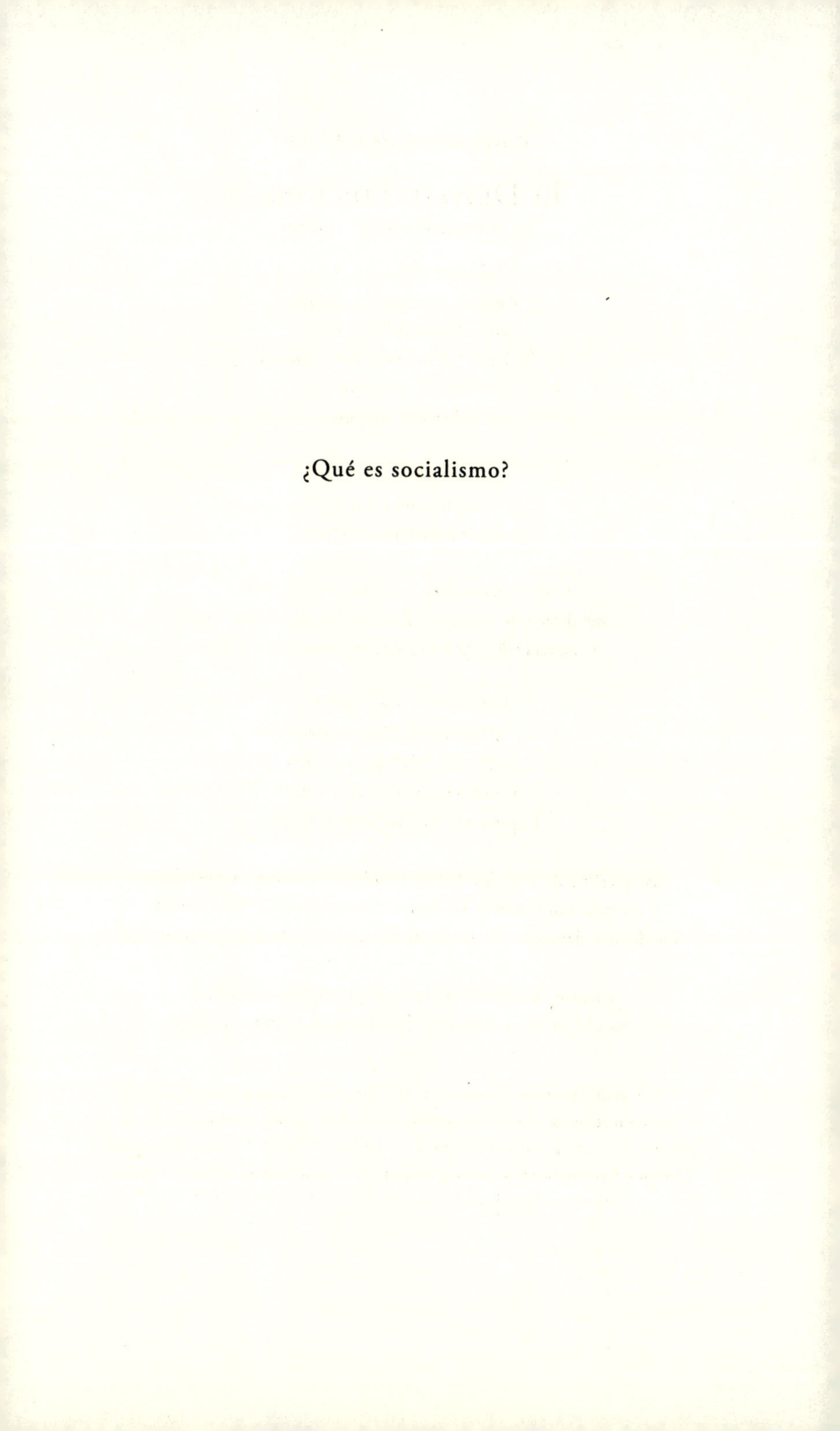

¿Qué es socialismo?

Primera edición, enero de 2026

El Desvelo Ediciones
Javier Fernández Rubio, director

Editorial Almuzara, S. L.
Parque Logístico de Córdoba
Ctra. Palma del Río, km 4
C/8, Nave L2, módulos 6-7, buzón 3
14005 - Córdoba
(+34) 957 467 081

eldesvelo.es
almuzaralibros.com
eldesvelo@almuzaralibros

ISBN: 979-13-87799-31-1
IBIC: DNJ, JPFF, 1KBB
THEMA: DNP, JPFF, 1KBB
Depósito Legal: CO-2131-2025
Impreso en España-Gráficas La Paz

Recopilación de artículos de Jack London en los siguiente periódicos y revistas: *San Francisco Examiner*, *The Independent*, *The Comrade*, *The Atlantic Monthly*, *The Toledo Socialist*, *Cosmopolitan* y *Australian Star*

Imagen de cubierta, *Reparto de tickets para el desayuno por el Ejército de Salvación.* Jack London, Londres, c. 1900

Jack London

¿Qué es socialismo?

Prólogo y traducción de Irene Sainz Oria

Jack London. Australia, 1908. The Huntington Library.

Prólogo

Jack London (1876-1916), escritor, periodista y activista estadounidense, es una de las figuras más intensas y contradictorias de la literatura de comienzos del siglo XX. Su vida aventurera y su obra, marcadas por el realismo social y la lucha por la supervivencia, reflejan una búsqueda constante de sentido en un mundo dominado por la desigualdad. Nacido en San Francisco en el seno de una familia humilde, trabajó desde muy joven en oficios duros —marinero, buscador de oro en el Klondike, obrero industrial—, experiencias que moldearon su visión crítica del capitalismo y de la condición humana. El contacto directo con la miseria urbana y la marginación de las clases trabajadoras lo llevó a abrazar el socialismo y a escribir ensayos de gran fuerza política, al tiempo que impregnó su narrativa de un profundo sentido de lucha, instinto y rebeldía.

Autor prolífico, London publicó más de cincuenta libros en apenas dos décadas, entre ellos novelas icónicas como *La llamada de lo salvaje* (*The Call of the Wild*, 1903) y *Colmillo blanco* (*White Fang*, 1906), que exploran la tensión entre naturaleza y civilización. Otras obras, como *La gente del abismo* (*The People of the Abyss*, 1903) y *El talón de hierro* (*The Iron Heel*, 1908), revelan su compromiso político y su mirada anticipatoria sobre la opresión social y el totalitarismo. Su vida fue tan intensa como breve: murió a los cuarenta años en su rancho de California, dejando una obra que combina aventura, crítica social y reflexión existencial, y que lo consagró como una de las voces más poderosas de la literatura estadounidense moderna.

London fue militante del Partido Socialista de América desde 1896 hasta 1916. Su conversión al socialismo surgió de su experiencia personal como obrero, marino y vagabundo, que lo enfrentó con la miseria estructural del capitalismo industrial. Aunque fue un socialista convencido, también mantuvo tensiones entre su fe en la voluntad individual —de raíz nietzscheana— y su ideal colectivo.

La traducción al castellano de los artículos y ensayos socialistas de Jack London reviste un alto valor histórico, literario y político. A pesar de su fama internacional como novelista de aventuras, una parte significativa de su producción periodística y ensayística —donde expuso con mayor claridad su pensamiento socialista— permanece inédita o escasamente traducida al español.

Los textos reunidos en esta publicación son testimonios directos de un testigo privilegiado de la transformación social y económica de los Estados Unidos a comienzos del siglo XX. London vivió en carne propia las condiciones de explotación obrera, el desempleo masivo y la marginación urbana que acompañaron la consolidación del capitalismo industrial. Su escritura no es la de un teórico distante, sino la de un observador y participante de los inicios del movimiento socialista norteamericano. Su lenguaje directo, su estilo combativo y su mirada crítica sobre la desigualdad siguen interpelando al lector contemporáneo, lo que refuerza la pertinencia de poner estos textos al alcance de un público más amplio.

El artículo *¿Qué es socialismo?* (*What Socialism Is? San Francisco Examiner*, diciembre de 1895), que abre y da título a esta recopilación, no solo constituye una defensa de la idea de justicia social convertida en ideología, sino también una advertencia a la sociedad burguesa acomodada que, a comienzos del siglo XX, negaba la existencia —ya evidente— de la lucha de clases. Es una premisa que London desarrollará con mayor amplitud en el ensayo *La lucha de clases* (*The Class Struggle*, *The Independent*, noviembre de 1903), donde analiza lo que consideraba el triunfo inevitable del trabajo sobre el capital.

En la crónica *Millonario reparte sus beneficios con sus trabajadores para compartir su felicidad* (*Millionaire Divides his Profits with his Workmen to Share Their Happiness*, *San Francisco Examiner*, abril de 1902), London describe el caso de la cooperativa de Leclaire, Illinois, fundada en 1890 por N. O. Nelson, uno de los principales representantes del llamado *capitalismo humanitario* estadounidense. London presenta este experimento como un paso intermedio hacia la conquista de los medios de producción por parte de los trabajadores.

A continuación, *Cómo me convertí en un socialista* (*How I Became a Socialist*, *The Comrade*, marzo de 1903) es un relato en primera persona donde London explica cómo pasó de ser una de las *bestias rubias* de Nietzsche en su juventud a convertirse en un socialista convencido, tras comprobar en carne propia lo sencillo que era caer hasta el fondo del *pozo social* y engrosar las filas del «diez por ciento» condenado a la pobreza de por vida.

El esquirol (*The Scab*, *The Atlantic Monthly*, enero de 1904) es un ensayo extenso en el que sostiene que el capitalismo convierte a todos los trabajadores en esquiroles y proyecta esa lógica a las relaciones internacionales, al definir a los Estados Unidos como el *gran esquirol americano*.

En *Revolución* (*Revolution*, *The Toledo Socialist*, marzo de 1905), London ensalza la fuerza y las virtudes del movimiento internacional, que —a su juicio— estaba destinado a crecer de manera exponencial hasta su triunfo final.

Esta recopilación de artículos continúa con *Qué significa la vida para mí* (*Cosmopolitan*, marzo de 1906), un relato autobiográfico más amplio que expone su conversión al socialismo.

London analiza en *Métodos de huelga: americanos y australianos* (*Strike Methods: American and Australian*, *Australian Star*, 14 de enero de 1909) las formas de represión de los conflictos laborales en ambos países y, por último, este volumen incluye la carta de renuncia que el autor escribió en 1916, donde critica la pasividad y el dogmatismo del Partido Socialista de América.

¿Qué es socialismo? ofrece así una ventana abierta —sin filtros ni interpretaciones— a los inicios del socialismo en los Estados Unidos y permite comprobar cómo autores como Jack London albergaban una fe inquebrantable en el progreso y en el triunfo futuro de esta ideología frente al capitalismo y sus males endémicos. Una fe y una esperanza que, al menos en el caso de London, resultaron traicionadas por la propia evolución de la organización política.

¿Qué es socialismo?

Socialismo y Navidad. ¡Qué incongruente este espectro, avanzando de forma sigilosa cuando todo es alegría y regocijo! ¡Cómo debe enfriar el ambiente de las celebraciones esta cosa temible, que se está extendiendo por nuestro país! Pero cerrad las puertas, buena gente, y bajad las persianas para no verlo; dadle entonces rienda suelta a vuestra imaginación movidos por la curiosidad, e imaginad a este monstruo espantoso con todo el terror que vuestro miedo pueda sugerir.

¡Ay! Siempre ha sido vuestra política cerrar la puerta y bajar las persianas cuando el pobre desgraciado viene por aquí. Nunca lo habéis visto, lo ignoráis; y, aún así, vuestra propia ignorancia pinta, con colores vivos, su imagen horrible.

Interroguemos al socialismo para intentar obtener un conocimiento más legítimo sobre él.

Socialismo es habitualmente sinónimo de cualquier conspiración revolucionaria sin ley, diseñada y ejecutada por seres despiadados, con fuego y espada al frente, y carnicería, destrucción y caos como consecuencia. Esto es una injusticia. La anarquía y el nihilismo pueden haber causado esta impresión, pero están tan lejos del socialismo como los polos.

Otro error es asumir que anarquía y nihilismo son formas extremas de socialismo. Son los extremos, pero no las formas extremas. No puede haber una reconciliación de tales contradicciones, aunque debemos confesar que son hijos de una misma madre, uno es el día; los otros dos, la noche.

Un socialista es, por necesidad, social, de ahí su nombre. Desea ser social, esto es, vivir en una sociedad con seres sociales como él. Y como consecuencia debe atenerse a las leyes, quizá no escritas, de tal sociedad, ya sea la familia, la comunidad o el Estado. Todo lo que desea es mejorar esas leyes. Un anarquista, por el contrario, no reconoce ninguna de estas leyes, defiende la abolición de todas las leyes, de cada restricción. El suyo es un proyecto de puro individualismo, que es imposible sin el hombre perfecto, e incluso con el hombre perfecto, todo el poder de la cooperación y la organización se perdería. La suya sería una era dorada, como la mitología griega describe, pero no una era ilustrada de la civilización, como nosotros desearíamos. Su hermano gemelo, el nihilista (rastread la palabra) no desea nada. Pero con el hombre, imperfecto como es, estos proyectos traerían caos.

Aun así, socialismo es un término que abraza todo. Comunistas, nacionalistas, colectivistas, utópicos y altruistas son todos socialistas; pero no se puede decir que el socialismo sea alguno de estos, porque es todos. Cualquier hombre es un socialista que lucha por una forma de gobierno mejor que bajo la que está viviendo.

Socialismo significa la reconstrucción de la sociedad con una utilización más justa de la mano de obra y la distribución de los beneficios de ello. Grita: «¡Cada uno de acuerdo con sus acciones!». Su base lógica es económica; su base moral: «Todos los hombres nacen libres e iguales», y su objetivo último es la democracia pura.

Por «todos los hombres nacen libres e iguales» se entiende nacidos libres y con las mismas oportunidades para ganarse la vida a través del trabajo honesto, mental o físico.

Democracia pura significa una forma de gobierno en la que el poder supremo descansa y es ejercitado directamente por el pueblo, en lugar de la forma actual, que es una forma republicana de democracia, donde el poder supremo descansa en el pueblo, pero es ejercido indirectamente a través de representantes.

Los representantes pueden ser corrompidos, pero ¿cómo podría todo el pueblo ser sobornado? Sería una tarea hercúlea, y como dijo Lincoln: «Puedes engañar a toda la gente a veces, a parte de la gente todo el tiempo, pero no a toda la gente todo el tiempo».

El socialismo es un fenómeno de este siglo. Es una visión de futuro, mientras sus agentes trabajan de forma activa en el presente. Es un producto de la evolución social. Tenemos esclavitud, feudalismo, capitalismo y... socialismo. Es el paso obvio. Si esta generación lo verá no es seguro, pero «los acontecimientos futuros proyectan antes su sombra», y su sombra ya oscurece el mundo. Es una nube elevándose sobre nosotros con una magnitud creciente. El rugido sordo de su trueno se puede oír; sus relámpagos centellean de forma más intensa cada vez, está encima de nosotros. ¿Traerá agua fresca a la tierra seca y agrietada o traerá la devastación de un huracán? Pensad, amigos, si no lo habéis hecho antes. Y si lo habéis hecho, pensad de nuevo.

San Francisco Examiner / 25 de diciembre, 1895.

Cómo me convertí en un socialista

Es bastante justo decir que me convertí en socialista de manera similar a como los teutones paganos se convirtieron en cristianos, me lo metieron en la cabeza. No solo no estaba buscando el socialismo en la época de mi conversión, estaba luchando contra ello. Era muy joven e inmaduro, no sabía mucho de nada y, aunque ni siquiera había oído hablar de una escuela llamada «individualismo», cantaba el himno de los fuertes con todo mi corazón.

Eso fue porque yo mismo era fuerte. Por fuerte quiero decir que tenía buena salud y músculos firmes, ambas posesiones son fácilmente explicables. Había vivido mi infancia en ranchos californianos, mi adolescencia repartiendo periódicos en las calles de una ciudad occidental saludable y mi juventud en las aguas cargadas de ozono de la Bahía de San Francisco y el Océano Pacífico. Me encantaba la vida al aire libre, y trabajaba duro, en los trabajos más arduos. Sin aprender ningún oficio, a la deriva de trabajo en trabajo. Contemplaba el mundo y me parecía bueno, cada parte de él. Permítanme repetir, este optimismo provenía de que estaba sano y era fuerte, sin preocuparme por dolores o debilidades, nunca fui rechazado por un jefe por no estar en forma, siempre fui capaz de conseguir un trabajo paleando carbón, como marinero o cualquier tipo de trabajo manual.

Y por todo esto, exultante en mi juventud, capaz de defenderme por mí mismo en el trabajo o en la pelea, era un individualista desenfrenado. Era un ganador. Por eso consideré el juego, tal como lo vi jugar, o creí verlo jugar, como un juego muy apropiado para HOMBRES. Ser un hombre era escribir «hombre» en letras mayúsculas en mi corazón. Emprender como un hombre, y luchar como un hombre, y hacer el trabajo de un hombre —incluso por el salario de un niño—, estas fueron las cosas que me llegaron a lo más profundo y me atraparon como nada más podía hacerlo. Y veía ante mí largas extensiones de un futuro borroso e interminable en el que, jugando lo que yo concebía como un juego de HOMBRE, podría continuar viajando con una salud infalible, sin accidentes y con músculos siempre vigorosos. Como digo, este futuro era interminable. Podía verme a mí mismo arrasando a través de una vida sin fin como una de las BESTIAS RUBIAS[1] de Nietzsche, acechando con deseo y conquistando por pura superioridad y fuerza.

En cuanto a los desafortunados, los enfermos, y debilitados, y viejos, y mutilados, debo confesar que apenas pensaba en ellos, pero intuía que podrían, excepto en caso de accidente, ser tan buenos como yo si de verdad lo intentaban, y que podrían trabajar igual de bien. ¿Accidentes? Bueno, representaban al DESTINO, también deletreado en mayúsculas, y no había manera de evitar el DESTINO. Napoleón había tenido un accidente en Waterloo, pero eso no disminuía mi deseo de ser otro Napoleón tardío. Aún más, el optimismo generado en un estómago que podría digerir chatarra y un cuerpo que había florecido en las adversidades no me permitía considerar los accidentes como algo remotamente relacionado con mi gloriosa personalidad.

Espero haber dejado claro que estaba orgulloso de

1. El concepto «bestias rubias» aparece en la *Genealogía de la moral* (1887), donde Nietzsche lo emplea para describir a los conquistadores y aristocracias guerreras de la Antigüedad que se imponían sin remordimientos sobre los pueblos sometidos.

ser uno de los nobles bien armados por naturaleza. La dignidad del trabajo era la cosa más impresionante del mundo. Sin haber leído a Carlyle[2] o Kipling[3], había formulado un evangelio del trabajo que hacía palidecer el suyo. El trabajo lo era todo. Era santificación y salvación. El orgullo que me suponía un día de trabajo duro bien hecho sería inconcebible para vosotros. Es casi inconcebible para mí cuando lo recuerdo. Era el más fiel de los esclavos asalariados que un capitalista haya explotado. Hacerme el enfermo o escaquearme frente al hombre que pagaba mi salario era un pecado, primero contra mí mismo y, segundo, contra él. Lo consideraba un crimen solo por detrás de la traición y casi igual de malo.

En definitiva, mi alegre individualismo estaba dominado por la ética burguesa ortodoxa. Leía periódicos burgueses, escuchaba a predicadores burgueses y gritaba contra las frases vacías de los políticos burgueses. Y no tengo ninguna duda, si otros acontecimientos no hubieran cambiado mi trayectoria, de que me hubiera convertido en un esquirol profesional —uno de los héroes americanos del presidente Eliot[4]— para terminar con la cabeza y la capacidad de ganarme la vida aplastadas de forma inevitable por un garrote en las manos de un militante sindicalista.

---

2. Thomas Carlyle (1795-1881) escribió sobre el trabajo en textos como *Past and Present* (1843) y *Sartor Resartus* (1833-1834). Para él, el trabajo era sagrado: no solo un medio de subsistencia, sino una vía hacia la verdad y la dignidad humana.

3. Rudyard Kipling (1865-1936) abordó el trabajo en poemas y relatos. El autor de *The White Man's Burden* consideraba el trabajo como deber moral, disciplina y servicio, desde una perspectiva colonialista.

4. Charles W. Eliot, presidente de Harvard entre 1869 y 1909, ofreció en 1903 conferencias sobre George Washington, William Ellery Channing y Ralph Waldo Emerson, figuras que consideraba ejemplares del carácter, las virtudes y los ideales estadounidenses. Tres años después, en 1906, recopiló en el volumen *Four American Leaders* estos discursos y añadió el dedicado a Benjamin Franklin.

Es esa época, volviendo de un viaje de siete meses como marinero raso, recién cumplidos los dieciocho, me dio por echarme a los caminos. En las barras de hierro bajo los vagones y en los furgones de carga cerrados me abrí paso desde el amplio Oeste, donde los hombres podían con todo y el trabajo los perseguía, a los centros laborales congestionados del Este, donde los hombres eran insignificantes y buscaban trabajo con todas sus fuerzas. Y en esta nueva aventura de la BESTIA RUBIA me encontré observando la vida desde un ángulo totalmente nuevo y diferente. Había caído desde el proletariado hacia lo que los sociólogos les encanta llamar «diez por ciento sumergido»[5], y estaba a punto de descubrir cómo el diez por ciento sumergido era reclutado.

Encontré allí todo tipo de hombres, muchos de los cuales habían sido tan buenos y tan BESTIAS RUBIAS como yo; marineros, soldados, trabajadores, todos desgarrados y deformados y retorcidos por el trabajo, las penurias y los accidentes, y abandonados a su suerte como tantos otros caballos viejos. Aporreé con ellos puertas traseras para pedir limosna o tirité en vagones de tren y parques municipales, escuchando mientras tanto sus historias de vida, que empezaban con augurios tan favorables como los míos, con digestiones y cuerpos iguales o mejores que el mío, y terminaban allí mismo, delante de mis ojos, en ruinas al fondo del Pozo Social.

Y mientras escuchaba, mi cerebro comenzó a funcionar. La mujer de la calle y el hombre de la cuneta estaban muy cerca de mí. Vi la imagen del Pozo Social tan

---

5. El concepto *submerged tenth* se atribuye al economista Henry George (1839-1897), quien lo acuña en su obra *Progress and Poverty* (1879) para referirse a la clase social marginada por el sistema económico, la que «no emergía» del ciclo de la pobreza, pese al crecimiento general de la nación.

clara como si fuera algo concreto, y al fondo del Pozo los vi a ellos, y yo por encima, no muy lejos, agarrado a la pared resbaladiza solo con fuerza y sudor. Y debo confesar que me invadió el terror. ¿Cuándo me fallarían las fuerzas? ¿Cuándo sería incapaz de trabajar codo con codo con esos hombres fuertes que aún no habían nacido? Y justo en ese momento hice un gran juramento. Era algo así: TODOS LOS DÍAS DE MI VIDA HE TRABAJADO DURO CON MI CUERPO, Y EN FUNCIÓN DE LOS DÍAS QUE HE TRABAJADO ESTOY MÁS CERCA DEL FONDO DEL POZO. SALDRÉ DEL POZO, PERO NO ESCALARÉ GRACIAS A MIS MÚSCULOS. NO HARÉ MÁS TRABAJOS DUROS, QUE ME PARTA UN RAYO SI HAGO UN DÍA MÁS DE TRABAJO FÍSICO DEL QUE OBLIGATORIAMENTE TENGO QUE HACER. Y he estado ocupado desde entonces huyendo del trabajo físico.

Por accidente, mientras recorría a pie unos diez mil kilómetros por Estados Unidos y Canadá, me desvié hacia las Cataratas del Niágara y fui arrestado por un agente cazador de multas, me fue negado el derecho a declararme culpable o inocente, fui condenado sin más a treinta días de cárcel por no tener un domicilio estable y medios visibles de sustento, esposado y encadenado a un montón de hombres en circunstancias similares, transportado en carro a Búfalo, registrado en la penitenciaría del condado de Erie, rapado y afeitado, vestido con las rayas del convicto, vacunado obligatoriamente por estudiantes de medicina que practicaban en aquellos como nosotros, forzado a marchar, obligado a trabajar bajo la mirada de guardias armados con rifles Winchester, todo por aventurarme como una BESTIA RUBIA. Sobre más detalles, el declarante no dice nada, aunque puede intuir que algo de su pletórico patriotismo nacional se calmó y esfumó desde algún lugar de lo más profundo de su alma, al menos, desde aquella experiencia le importan más los hombres, las mujeres y los niños pequeños que las líneas geográficas imaginarias.

Volviendo a mi conversión. Creo que es obvio que mi rampante individualismo fue extraído de mí de una manera bastante efectiva, y otra cosa fue efectivamente inculcada. Pero, igual que había sido un individualista sin saberlo, ahora era un socialista sin saberlo, con ello, uno sin base científica. Había renacido, pero no había sido rebautizado, y estaba dando vueltas para descubrir qué tipo de cosa era. Corrí de vuelta a California y abrí libros. No recuerdo cuáles abrí primero. Es un detalle sin importancia, de todas formas. Ya era Eso, fuera lo que fuera Eso, y con la ayuda de los libros descubrí que Eso era un socialista. Desde aquel día he leído muchos libros, pero ninguna discusión económica, ninguna demostración lúcida sobre la lógica y la inevitabilidad del socialismo me afecta de forma tan profunda y convincente como me afectó el día que vi por primera vez las paredes del Pozo Social elevarse en torno a mí, y sentí cómo resbalaba hacia abajo, más abajo, hacia las ruinas del fondo.

The Comrade / Marzo, 1903.

Millonario reparte sus beneficios con sus trabajadores para compartir su felicidad

Solo un hombre sencillo, un buen camarada, es el señor N. O. Nelson, el tipo de hombre que te conoce y te da la mano, y al minuto siguiente ya pone la mano en tu hombro. En la lucha de los hombres fuertes por la riqueza, ha sabido abrirse paso. Pero en la lucha de los hombres buenos por la justicia y la humanidad, también ha sabido abrir camino por igual. Es millonario, también es socialista. Y no tiene miedo de decir que hacer negocios solo por beneficio es inmoral. Y no lo dice en voz baja ni para sí mismo, sino desde lo alto, donde todos pueden oírlo. En este momento, de gira por la costa del Pacífico, se encuentra en San Francisco, dando conferencias sobre la participación en las ganancias, y sobre aquello en lo que, según él, la participación en las ganancias debe convertirse: a saber, el socialismo.

«Entonces, ¿quieres que te hable del pueblo de Leclaire?», dijo, con su mano en mi hombro. «Bueno, para empezar por el principio, me he dedicado a la fabricación durante treinta años. Las huelgas me interesaron primero por la cuestión laboral y me llevaron a estudiar economía. De estos estudios, y por mi experiencia como empresario pragmático, llegué al sistema de participación en las ganancias, que adopté en mi empresa hace dieciséis años. Pero pronto descubrí que eso no era suficiente. Considero la ciudad como un invernadero humano,

Albergue para pasar la noche, en Londres.

un hospital y un cementerio: no es un lugar para que los hombres y las mujeres vivan y trabajen ni para que los niños nazcan y se críen».

«Así que, a veinticinco millas de San Luis, cerca de Edwardsville, en las tierras altas de Illinois, compré 125 acres de colinas onduladas y construí mis fábricas. Hay seis, a prueba de fuego e higiénicas, con duchas, mesas de comedor y todas las comodidades posibles para los trabajadores. Nuestras mesas, por cierto, no están hechas de simples tablas de pino».

Ciudad industrial como parque

Y aquí su rostro se iluminó con una alegría y satisfacción que da gusto ver en la cara de un hombre.

«No son simples tablas de pino, sino roble en cuartos, y las hicimos nosotros mismos. Es un lugar bonito, el pueblo de Leclaire, con praderas, y árboles, y flores, como un parque, con vistas que se despliegan una tras otra ante los ojos. Se ha convertido en el paseo de moda para la gente de Edwardsville y, como señaló en una ocasión un visitante: "Leclaire es el único lugar del mundo donde el barrio obrero es la parte más vistosa de la ciudad"».

«Se construyeron viviendas, con abundante terreno, sin hacinamiento, pero no se alquilaban. Los obreros las compraban, si así lo deseaban, no era obligatorio, y las condiciones eran muy accesibles. Los ingresos obtenidos por la venta de los terrenos se destinaban al fondo de mejoras públicas».

«La libertad y la espontaneidad han sido las ideas dominantes. No había requisitos... por su propia voluntad. Había árboles y semillas, gratis y en abundancia, para que los plantaran, o no los plantaran, como les pareciera. Pero les pareció bien plantar, y hoy en día todos tienen muchas frutas, flores y cosas verdes. Y ese es el encanto de Leclaire: una vida libre y espontánea de gente feliz y activa».

«No hay policía. No nos hace falta. No deberíamos tener nunca ninguna necesidad de policía. Todo el mundo trabaja; todo el mundo está demasiado ocupado haciendo algo, no hay tiempo para causar problemas ni hacer jugarretas. Todos son accionistas interesados en el bienestar del negocio y en compartir los beneficios. Trabajamos una jornada de nueve horas en oficios que en todo el país son de diez horas, pagamos los salarios sindicales completos, las condiciones de vida son excelentes y repartimos dividendos de entre el 10 y el 15 por ciento».

Mientras escuchaba, recordé lo que H. E. Armstrong dijo una vez del señor Nelson: «El señor Nelson resulta ser uno de esos hombres que preferiría dar a sus empleados una participación en su negocio antes que exprimirlos para financiar instituciones». También recordé una de las famosas expresiones del señor Nelson: «El renacimiento del siglo XX será la alegría en el trabajo».

«Tenemos boleras, billares y canchas de baloncesto», continuó, «una pista de hielo, sala de lectura, salón de baile y biblioteca. Una banda de treinta integrantes formada por la plantilla de la fábrica. En verano hay conciertos al aire libre y, en invierno, musicales. También tenemos escuela, jardín de infancia, clases de economía doméstica, ciclos de conferencias y clubs sociales, todos voluntarios, y mi hija da clases de baile. ¿Cómo? Sí, vivo aquí con mi familia. Hace cinco años dejamos nuestra residencia en la ciudad para vivir en Leclaire. A todos nos encanta. Mi hija casada también ha venido a vivir en el pueblo de Leclaire».

«¿Pero está totalmente satisfecho con el reparto de beneficios, señor Nelson?», pregunté. «¿Lo considera la panacea para todos los males sociales e industriales?».

«No», contestó, sopesando sus palabras con cuidado. «El reparto de beneficios es una fase de transición en la evolución de la producción. Es mejor que las ganancias no compartidas del empresario. Es, simplemente, un reconocimiento del trabajador y del interés y derecho que tiene sobre lo que hace: una medida parcial de justicia, por así decirlo».

«El reparto de los beneficios, al depender, queramos o no, de la acción del empresario, nunca podrá convertirse en un sistema mundial. La cooperación sí puede y se convertirá en un gran sistema mundial. La cooperación, o el socialismo, será simplemente que todas las personas hagan lo que hacen ahora unos pocos en Leclaire».

«¿Entonces cree que el trabajador tiene derecho a recibir el producto total de su esfuerzo?».

El millonario asintió con énfasis.

«¡Exacto! ¡Exacto!»

«¿Entonces cuál es su opinión sobre el sindicalismo? ¿Pueden los sindicatos obtener para el trabajador el producto total de su esfuerzo?».

De nuevo midió sus palabras cuidadosamente. «Los sindicatos son absolutamente necesarios hoy en día. Estoy completamente a favor. Son extremadamente útiles para la protección de los trabajadores. Han hecho y están haciendo un enorme progreso. Pero nunca conseguirán para el trabajador el producto completo de su trabajo y por esta razón el sindicalismo no aspira a poner la maquinaria de producción en posesión del trabajador y, hasta que el trabajador no sea dueño de la maquinaria de producción, no poseerá completamente lo que produce».

Solo un ejemplo

«Hay dos maneras de que los trabajadores puedan llegar a poseer la maquinaria de producción. Primero, mediante la asociación voluntaria, en gran medida semejante a la que ya funciona en Leclaire, con, además, la propiedad colectiva de los servicios públicos. Y segundo, a través de la propiedad, por parte de toda la comunidad, de toda la maquinaria de producción, esto es el socialismo. Estoy preparado para cualquiera de las dos vías; porque, después de todo, son caminos. Lo esencial es el fin, y el fin es aquella estructura social que otorgue la mayor libertad y felicidad a cada individuo y a todos los individuos».

«Esto me lleva al doble propósito de nuestro pueblo. Por un lado, gracias a la cooperación y la solidaridad de Leclaire, se garantiza la justicia, condiciones equitativas y una gran felicidad para unos pocos, lo cual está bien. Por otro lado, sirve para mostrarle a todo el mundo lo que todo el mundo podría tener por medio de una cooperación y una solidaridad semejantes».

«¿Los monopolios?», dijo el señor Nelson un poco más tarde en la conversación. «Los monopolios son consolidaciones inevitables. Ningún sistema de leyes que permita en cualquier caso las corporaciones puede impedir que se produzcan consolidaciones en corporaciones más grandes conocidas como monopolios. Tampoco puede ejecutarse ninguna ley destinada a impedirlo cuando están en juego intereses monetarios tan grandes. La evolución natural e inevitable del monopolio es hacia la propiedad pública. Cada vez más, los municipios se hacen cargo de los servicios públicos, mientras que varios estados ya han establecido fábricas para la producción de bienes controlados por los monopolios, en particular en el caso del cordel para atar gavillas en Kansas, Nebraska, Iowa y Minnesota.

Y entonces recogimos frutos silvestres en las colinas de Piedmont y nos dijimos el uno al otro que la vida estaba bien así, y nos despedimos. Y yo supe que me despedía de uno de los hombres más felices que jamás he conocido. ¿Y por qué no habría de ser feliz un hombre cuya función en la vida es hacer felices a los demás? ¿Por caridad? ¡Dios lo impida! El señor Nelson hace felices a las personas ajustando las condiciones económicas para que, mediante su propio trabajo, ellas mismas puedan hacerse felices.

San Francisco Examiner / Abril, 1902.

La lucha de clases

El señor London es autor de La llamada de lo salvaje *y de numerosas historias sobre la región de Klondike que lo han situado entre los más populares escritores americanos. No obstante, es más que un hombre de letras, siendo un estudioso de los problemas sociales de primera mano, como su último libro,* La gente del abismo, *demostrará. Es un socialista. El siguiente artículo es la mejor declaración que hemos visto hasta ahora, desde un punto de vista radical, del conflicto de clases industrial y social.*

El editor

Para que la lucha de clases exista en la sociedad debe haber, primero, desigualdad de clases, una clase superior y una clase inferior —medidas por su poder—; y, segundo, deben cerrarse las salidas por donde se ha dejado escapar la fuerza y la agitación de la clase inferior. Muchos niegan con vehemencia que ni siquiera existan clases en Estados Unidos, pero es indiscutible que cuando se forma un grupo de individuos, en el que sus miembros están unidos por unos intereses comunes, que son sus intereses particulares y no los intereses de los individuos fuera del grupo, ese grupo es una clase. Los dueños del capital, y quienes dependen de ellos, forman una clase de esta naturaleza en Estados Unidos; la gente trabajadora forma una clase similar. El interés de la clase capitalista, por ejemplo, en materia del impuesto sobre la renta, es bastante contrario al interés de la clase trabajadora; y viceversa, en la cuestión del impuesto al voto[6].

Si entre estas dos clases hay un conflicto claro y vital de intereses, todos los factores que crean una lucha de clases están presentes; pero esta lucha permanecerá adormecida si a los miembros fuertes y capaces de la clase inferior se les permite abandonar esa clase y unirse a las filas de la clase superior. La clase capitalista y la clase trabajadora han existido codo con codo durante mucho tiempo en Estados Unidos; pero, hasta ahora, todos los miembros fuertes, con energía, de la clase trabajadora han sido capaces de salir de esta y convertirse en propietarios de capital.

Se les permitió hacer esto porque un país sin desarrollar con una frontera en expansión ofrecía igualdad de oportunidades para todos. En la competencia caótica, casi parecida a una lotería, por la propiedad de grandes recursos naturales sin dueño, y en cuya explotación había poca o ninguna competencia de capital —ya que el capital salía de la misma explotación—, el miembro capaz e inteligente de la clase trabajadora encontró un ámbito en el que utilizar su inteligencia para su propio progreso. En lugar de estar descontento en proporción directa a su inteligencia y ambición, e irradiar entre sus compañeros un espíritu de revuelta tan capaz como él fuera capaz, los abandonaba a su suerte para labrar su propio camino hacia un lugar en la clase superior.

Pero la época de la frontera en expansión, de la lotería de la propiedad de los recursos naturales, y de la

6. En Estados Unidos, el *poll tax* era un impuesto fijo de origen colonial que debían pagar los ciudadanos para ejercer su derecho al voto. A partir de finales del siglo XIX, sobre todo en el Sur, se convirtió en una condición para votar, y no fue abolido por completo hasta 1966. Su objetivo era excluir del proceso electoral a afroamericanos y blancos pobres.

construcción de nuevas industrias, ha pasado. Se ha llegado al lejano Oeste, y un volumen inmenso de capital excedente vaga en busca de inversión y corta de raíz los esfuerzos perserverantes del capitalista incipiente que busca ascender a través de un crecimiento lento desde un inicio modesto. El camino de oportunidad tras oportunidad se ha cerrado, y se ha cerrado para siempre. Rockefeller ha cerrado la puerta del petróleo; la Compañía Americana de Tabaco, la del tabaco; y Carnegie, la del acero. Después de Carnegie vino Morgan, que blindó la puerta. Estas puertas no se volverán a abrir y, frente a ellas se detienen miles de jóvenes ambiciosos a leer el cartel: «Prohibido el paso».

Cada día se cierran más puertas, mientras continúan naciendo jóvenes ambiciosos. Son ellos, a quienes se les niega la oportunidad de salir de la clase trabajadora, los que promueven la revuelta en la clase trabajadora. Que si hubiera nacido cincuenta años después, Andrew Carnegie, el pobre chico escocés, hubiera ascendido hasta presidente del sindicato, o de la federación de sindicatos, pero que nunca se hubiera convertido en el constructor de Homestead y el fundador de multitud de bibliotecas, es tan cierto como cierto es que cualquier otro hombre hubiera desarrollado la industria del acero si Andrew Carnegie no hubiera nacido.

En teoría, por tanto, existen en Estados Unidos todos los factores que van a constituir una lucha de clases. Hay clase capitalista y trabajadora, cuyos intereses están en conflicto; mientras que la clase trabajadora ya no está siendo castrada, hasta el punto que lo fue en el pasado, a base de extraer de ella su mejor sangre e inteligencia. Sus miembros más capaces ya no pueden escapar de ella y dejar una gran masa desvalida y sin liderazgo. Se quedan para ser sus dirigentes.

Cuando más de un millón de hombres, encontrándose vinculados por un interés determinado y peculiarmente suyo, se unen en una organización fuerte para perseguir de forma agresiva esos intereses, es evidente que esa sociedad alberga una clase hostil y beligerante. Pero cuando los intereses que esta clase persigue entran en conflicto de manera contundente y fundamental con los intereses de otra clase, aparece el antagonismo de clase y la lucha de clases es el resultado inevitable. Un solo gran sindicato tiene 1.250.000 afiliados en los Estados Unidos. Es la Federación Americana del Trabajo[7], y fuera de ella hay muchas otras organizaciones grandes. Todos estos hombres están unidos con el propósito honesto de mejorar su condición, sin importarles el daño infligido a todas las demás clases. Están en abierto antagonismo con la clase capitalista, mientras los manifiestos de sus líderes declaran que la lucha es tal que nunca puede terminar.

Sus líderes negarán en general esta última afirmación, pero un análisis de sus afirmaciones, sus acciones y la situación frustrará tal negación. En primer lugar, el conflicto entre trabajo y capital gira en torno a la distribución del producto generado en común. La diferencia entre el valor de la materia prima y el valor del producto terminado es el valor que han añadido con su esfuerzo conjunto. Este valor añadido es, por tanto, el producto conjunto, y es sobre la división de este producto conjunto que la lucha entre trabajo y capital tiene lugar. El trabajo se lleva su parte en salarios; el capital se lleva su parte en beneficios. Es patente que, si el capital se llevara, en beneficios, todo el producto

7. La *American Federation of Labour* era, en 1903, la central sindical hegemónica en Estados Unidos. Defendía un sindicalismo pragmático y conservador, centrado en mejoras inmediatas para trabajadores cualificados, excluyendo en gran medida a mujeres, afroamericanos e inmigrantes.

conjunto, el trabajo perecería. Y es igualmente patente que, si el trabajo se llevara, en salarios, todo el producto conjunto, el capital perecería. No obstante, esto es en concreto a lo que aspira el trabajo, y que nunca estará satisfecho con menos que el total del producto conjunto es evidente por las palabras de sus líderes.

El señor Samuel Gompers, presidente de la Federación Americana del Trabajo, ha dicho:

«Los trabajadores quieren más salario; una vida con más comodidades; más ocio; más oportunidades para mejorar como hombres, como sindicalistas, como ciudadanos. Estas son las demandas de ayer, las demandas de hoy y serán las demandas de mañana y de pasado mañana. La lucha asumirá nuevas formas, pero la cuestión es eterna: el esfuerzo de los productores por obtener una parte creciente de la riqueza que surge de su producción».

El señor Henry White, secretario de los Trabajadores Unidos de la Confección de América[8] y miembro del Comité Industrial de la Federación Cívica Nacional[9], hablando de la Federación Cívica Nacional poco después de su creación, dijo:

«Abrazarse mutuamente, declarar la amistad, lamentar el daño causado, no alterará la realidad de la situación. Los trabajadores seguirán exigiendo más paga y el

---

8. El sindicato *United Garment Workers of America* estaba afiliado a la *American Federation of Labour* y defendía los intereses de los obreros cualificados en la industria textil, un sector con mucha presencia de inmigrantes, mujeres y trabajadores no cualificados, que quedaban en gran medida fuera de su representación.

9. La *National Civic Federation*, fundada en 1900 en Nueva York, era una organización no sindical, un foro de concertación que reunía a empresarios, líderes sindicales moderados, en su mayoría de la *American Federation of Labour*, y representantes políticos, con el objetivo de evitar conflictos sociales promoviendo la negociación, arbitraje y cooperación entre capital y trabajo.

patrón se opondrá de forma natural. La disposición y habilidad de los trabajadores para luchar determinará en gran medida, como es habitual, la cuantía de sus salarios o su parte del producto... pero cuando se trata de dividir los beneficios, ahí está el problema. También podemos estar de acuerdo en que cuanto mayor sea el producto gracias al empleo de métodos que ahorran trabajo, mejor será, ya que habrá más para repartir, pero nuevamente surge la cuestión de la división... un Comité de Conciliación, con la confianza de la comunidad y compuesto por hombres que tengan un conocimiento práctico de los asuntos industriales puede por tanto ayudar a mitigar este antagonismo, a prevenir conflictos evitables y a alcanzar una tregua. Uso la palabra *tregua* porque los acuerdos solo pueden ser temporales».

Con el hombre siendo hombre, y estando bastante lejos de los ángeles, la disputa sobre la división del producto conjunto es irreconciliable. Durante los últimos veinte años en Estados Unidos ha habido una media de más de mil huelgas al año; y año tras año estas huelgas han aumentado en magnitud y el frente del ejército obrero se vuelve más imponente. Y es una lucha de clases, pura y simple. El trabajo, como clase, está luchando con el capital, como clase.

Los trabajadores continuarán demandando mayor paga, y los patrones continuarán oponiéndose a ello. Esta es la clave del *laissez-faire*. Sálvese quien pueda y que el diablo se lleve al último. Es sobre esto que el individualista desenfrenado basa su individualismo. Es la política de no intervención, la lucha por la existencia que refuerza al fuerte, destruye al débil y genera una estirpe más noble y competente de hombres. Pero el individuo ha muerto y el grupo ha llegado, para bien o para mal, y la lucha se ha convertido no en una lucha entre individuos, sino en una lucha entre grupos. Así surge la cuestión: ¿el individualista nunca ha considerado que el grupo trabajador puede fortalecerse lo suficiente como para destruir a los grupos capitalistas y tomar y dirigir la maquinaria y la industria por sí mismo? Y, más allá, ¿el individualista nunca ha considerado que esto también es una expresión triunfante del individualismo o individualismo de grupo, si la confusión de términos se permite?

Pero la realidad de la lucha de clases es más profunda y significativa que la presentada hasta ahora. Más o menos un millón de trabajadores se pueden organizar para perseguir intereses que generan antagonismo y conflicto de clases, y al mismo tiempo no ser conscientes de qué se está generando. Pero cuando más o menos un millón de trabajadores muestran señales inequívocas de ser conscientes de su clase, de tener, en resumen, «conciencia de clase», entonces la situación se complica. El odio incondicional y terrible de un sindicalista hacia un esquirol es el odio de clase hacia un traidor de esa clase, mientras que el odio del sindicalista hacia la milicia[10] es el odio de una clase hacia un arma utilizada por la clase con la que está luchando. Ningún trabajador puede ser fiel a su clase y al mismo tiempo ser miembro de la milicia, este es el dictamen de los líderes laborales.

En la ciudad del que esto escribe, los ciudadanos ejemplares, cuando organizan un desfile del 4 de julio e invitan a los sindicatos a participar, estos les informan de que no marcharán en el desfile si marcha la milicia. El ar-

10. En el marco legal norteamericano, la *militia* era la fuerza armada ciudadana de cada estado, precursora de la Guardia Nacional (*National Guard*), consolidada de forma plena tras la Ley de 1903, conocida como *Dick Act*. Su despliegue represivo en huelgas mineras, ferroviarias o textiles para proteger la propiedad y romper los movimientos de los trabajadores fue muy común en las décadas de 1890 y 1900.

tículo 8 de la constitución de la Unión de Pintores y Decoradores de Schenectady dispone que un miembro no puede ser un «miliciano, oficial especial de policía, ayudante de alguacil empleado por la corporación o por individuos concretos durante las huelgas, cierres patronales u otras dificultades laborales, y cualquier miembro que ocupe cualquiera de estas posiciones será inhabilitado».

El señor William Potter era miembro de este sindicato y de la Guardia Nacional. Como resultado, porque obedeció la orden del gobernador cuando su compañía ordenó reprimir disturbios, fue expulsado de este sindicato. Además, su sindicato exigió a sus patrones, Shafer & Barry, que lo despidieran de su puesto. Y estos accedieron a la demanda, antes que enfrentarse a la huelga anunciada.

El señor Robert L. Walker, primer teniente de los Light Guards, unidad miliciana de New Haven, dimitió hace poco. La razón fue que era miembro de la Unión de Constructores de Vagones, y que las dos organizaciones eran antagonistas. Durante una reciente huelga de tranvías en Nueva Orleans, una unidad entera de la milicia, llamada a proteger a los no sindicados, renunció al completo. El señor John Mulholland, presidente de la Asociación Internacional de Mecánicos del Metal Aliados, ha declarado que no quiere que los miembros se unan a la milicia.

La Asamblea de Comercio Local de Siracusa, Nueva York, ha aprobado una resolución por unanimidad exigiendo a los sindicalistas miembros de la Guardia Nacional que dimitan bajo pena de ser expulsados de las organizaciones. La Asociación Unificada de los Trabajadores del Metal Laminado ha incorporado en su constitución una enmienda excluyendo de la participación en su organización a «cualquier persona que pertenezca al ejército regular, la milicia del Estado o la reserva naval». La Federación Laboral del Estado de Illinois, en una reciente convención, ha aprobado, sin un voto en contra, una resolución declarando que la participación en organizaciones militares es una violación de las obligaciones como sindicalista y ha requerido a todos los miembros de la organización que se retiren de la milicia. El presidente de la Federación, el señor Albert Young, declaró que la milicia era una amenaza no solo para los sindicatos, sino para todos los trabajadores del país.

Estos casos se pueden multiplicar por mil. La unión de trabajadores se está volviendo consciente de su clase y de la lucha que su clase está librando contra la clase capitalista. Ser miembro de la milicia es ser un traidor al sindicato, porque la milicia es el arma empuñada por los patrones para aplastar a los trabajadores en la lucha entre los grupos enfrentados.

Otra fase interesante e incluso más cargada de significado de la lucha de clases es su aspecto político, desplegado por los socialistas. Cinco hombres unidos pueden hacer milagros; quinientos, marchando como marcharon los históricos quinientos de Marsella, pueden saquear un palacio y derrocar a un rey; mientras que trescientos mil, difundiendo la propaganda de la lucha de clases de manera apasionada, emprendiendo una lucha de clases en el terreno político, y respaldados por el apoyo moral e intelectual de diez millones de hombres con las mismas convicciones en todo el mundo, podrían estar bastante cerca de hacer realidad una lucha de clases en estos Estados Unidos nuestros.

En 1900 estos hombres consiguieron 150.000 votos; dos años más tarde, en 1902, obtuvieron 300.000 votos; y en 1904, prometen reunir 500.000 votos. Tienen detrás la literatura filosófica y científica más imponente; son dueños de revistas ilustradas y especializadas, de gran calidad, dignidad y sobriedad; poseen infinidad de periódicos diarios y semanales que circulan por todo el país y números sueltos que cuentan con cientos de miles de suscriptores; y literalmente inundan a la clase trabajadora con un inmenso mar de folletos y panfletos. Ningún partido político en Estados Unidos, ninguna organización eclesiástica o esfuerzo misionero tiene unos trabajadores tan infatigables como los del Partido Socialista. Se multiplican, no conocen esfuerzo o sacrificio demasiado grande por la Causa; y «Causa», para ellos, se escribe en mayúsculas. Trabajan por ella con fervor religioso y morirían por ella con una voluntad similar a la de los mártires cristianos.

Estos hombres están predicando una lucha de clases implacable y mortal. De hecho, están organizados en base a una lucha de clases. Escúchenlos:

«La historia de la sociedad es una historia de luchas de clase. Los patricios lucharon con los plebeyos en la Roma Antigua; el rey y los burgueses con los nobles en la Edad Media; después el rey y los nobles contra los burgueses; y hoy la lucha es entre la triunfante burguesía y el proletariado en ascenso. Por proletariado se entiende la clase de la gente sin capital, que vende su mano de obra para vivir».

«Que el proletariado vencerá —fíjense en el tono fatalista— es tan seguro como que el sol sale cada día. Así como la burguesía del siglo XVIII quería aplicar la democracia a la política, el proletariado del siglo XX quiere aplicar la democracia a la industria. Como la burguesía protestaba contra el Gobierno dirigido por los nobles, el proletariado protesta contra del Gobierno y la industria dirigidos por la burguesía; y así, siguiendo los pasos de su predecesor, el proletariado tomará el Gobierno, llevará la democracia a la industria, abolirá los salarios y dirigirá los negocios del país en su propio beneficio».

«Su objetivo», dicen, «es organizar a la clase trabajadora, y a sus simpatizantes, en un partido político, con el objetivo de conquistar los poderes del gobierno para usarlos con el propósito de transformar el sistema actual de propiedad privada de los medios de producción y distribución en una propiedad colectiva de todo el pueblo».

Resumido, este es el plan de batalla de estos 300.000 hombres que se hacen llamar «socialistas». Y en vista de la existencia de un grupo tan agresivo de hombres, la lucha de clases no puede ser negada de forma rotunda por los americanos optimistas que dicen: «Una lucha de clases es monstruosa. Señor, no hay lucha de clases». La lucha de clases está aquí y el americano optimista mejor que se prepare para la batalla y la detenga en vez de sentarse sin hacer nada a declamar que lo que no ha de ser, no es y nunca será.

Pero los socialistas, aunque bien puedan ser fanáticos y soñadores, demuestran una previsión, una visión y un ingenio para la organización que dejan en vergüenza a la clase con la que están abiertamente en guerra. Fracasando en alcanzar un éxito rápido, al emprender una pura propaganda política, y dándose cuenta de que estaban alienando a la porción de votantes más inteligente y organizada, los socialistas aprendieron de la experiencia y dirigieron sus energías hacia el movimiento sindicalista. Ganar los sindicatos era casi lo mismo que ganar la guerra, y los acontecimientos recientes muestran que ellos han logrado más avances en esta dirección que los capitalistas.

En lugar de antagonizar a los sindicatos, como habían hecho hasta entonces, los socialistas procedieron a reconciliarse con ellos. «Dejad que todo buen socialista se una al sindicato de su sector», seguía el edicto. «Trabajad desde dentro y tomad el control del movimiento sindical». Y esta política, con solo unos años, ha recogido frutos más allá de sus expectativas más fervientes. Hoy en día, los grandes sindicatos están llenos de socialistas, «minando desde dentro», como llaman de forma pintoresca a su labor de socavamiento. En el trabajo y en el ocio, en las reuniones de negocios y en el consejo, continúa su propaganda insidiosa. Al lado del sindicalista está el socialista, que simpatiza con él, lo ayuda en pensamiento y obra, sugiriendo —sugiriendo constantemente— la necesidad de acción política. Como ha señalado el *Journal* de Lansing, Míchigan, un periódico republicano:

«Los socialistas son trabajadores incansables en los sindicatos. Sinceros, dinámicos y abnegados... Son fieles al sindicato y trabajan constantemente, logrando así una presencia que, medida con criterios comunes, es desproporcionada en relación con su número. Su causa está creciendo entre los trabajadores sindicados, y es probable que su larga lucha para convertir la Federación en una organización política venza».

Gracias a sus esfuerzos incansables, los socialistas ya están a punto de capturar la gran Federación Americana del Trabajo, con su millón y cuarto de miembros, y una población de seis millones a la que representan. En 1900, los delegados socialistas en la Convención Nacional trataron de aprobar una resolución directamente socialista comprometiendo a la Federación con la acción política. Pero fueron derrotados, por una resolución alternativa, por 4.169 votos a 685. Al año siguiente fueron apartados. Pero el año pasado, en la Convención de Nueva Orleans, mostraron una fuerza que les sorprendió incluso a ellos mismos. En vez de controlar un sexto del voto, se dieron cuenta de que controlaban casi la mitad. Perdieron, pero por 4.774 votos a 4.344, un récord a la hora de «socavar desde dentro», cuyo significado no ha sido entendido por la clase a la que han declarado la guerra sin cuartel.

Día y noche, incansables e implacables como una hipoteca, se afanan en su tarea autoimpuesta de erosionar los cimientos de la sociedad. El señor M. G. Cunniff, quien recientemente realizó un estudio profundo del sindicalismo, dice: «Por todas partes del sindicato se filtra el socialismo. Prácticamente uno de cada dos hombres es socialista, predicando que el sindicalismo no es más que una solución provisional». «¡Al diablo con Malthus!»[11], le contestaron, «porque se acercan los buenos tiempos en que todo hombre podrá criar a su familia con dignidad». En un sindicato con dos mil miembros, el señor Cunniff descubrió que todos eran socialistas y, a partir de sus experiencias, se vio obligado a confesar: «Vivía en un mundo que mostraba nuestra vida industrial temblando desde abajo con un fermento incesante».

Los socialistas ya tienen el control de la Federación Occidental de Mineros, la Unión Occidental de Trabajadores de Hoteles y Restaurantes y la Asociación Nacional de Modelistas (de fundición). La Federación Occidental de Mineros, en su última convención, declaró:

«La huelga no ha conseguido garantizar la libertad de las clases trabajadoras, por tanto llamamos a los trabajadores a votar por sus libertades como un solo hombre en las urnas... Nos declaramos comprometidos con el programa de acción política independiente. Respaldamos a la plataforma del Partido Socialista y la aceptamos como declaración de principios de nuestra organización. Llamamos a nuestros miembros, como individuos, a iniciar

---

11. Thomas Robert Malthus (1766-1834) fue un economista y demógrafo inglés, conocido principalmente por su obra *An Essay on the Principle of Population* (1798). En ella, expuso la teoría de que la población tiende a crecer de forma exponencial mientras que los recursos, en concreto, los alimentos, lo hacen de manera aritmética. Por lo tanto, tarde o temprano la población superará los recursos disponibles, causando hambrunas, guerras y enfermedades que limitarán el crecimiento poblacional. Esta teoría se conoce como la *Teoría Malthusiana*.

de manera inmediata la organización del movimiento socialista en sus respectivas ciudades y estados, y a cooperar de cualquier manera posible en la promoción de los principios del socialismo y del Partido Socialista. En los estados donde el Partido Socialista no ha consolidado su organización, aconsejamos que nuestros miembros ofrezcan toda su ayuda a tal fin... Por lo tanto, solicitamos que coordinadores, capaces y conocedores del programa completo del movimiento obrero, sean enviados a cada Estado para difundir la necesidad de organizarse en el ámbito político igual que en el económico».

La clase capitalista tiene una conciencia incipiente de la lucha de clases que se está gestando en el seno de la sociedad; pero los capitalistas, como clase, no parecen tener la habilidad de organizarse, para unirse, como la que posee la clase trabajadora. Ningún capitalista americano ayuda nunca a un capitalista inglés en la lucha común, mientras que los trabajadores han formado sindicatos internacionales; los socialistas, una organización mundial; y por todas las partes se supera el espacio y la raza[12] en un esfuerzo por alcanzar la solidaridad. Resoluciones de apoyo y, tan importantes como ellas, donaciones de dinero, cruzan el mar de un lado a otro, hacia donde sea que la mano de obra esté librando sus batallas campales.

La clase capitalista carece de esta cohesión o solidaridad por diversas razones, la principal es el optimismo generado por el éxito anterior. Y, a su vez, la clase capitalista está dividida; en su interior existe una lucha de

12. Aunque muchas corrientes obreras luchaban por la igualdad y la unidad de la clase trabajadora, el tema racial seguía siendo complejo, con tensiones entre solidaridad internacional y prejuicios raciales. Eugene V. Debs (1855-1926), líder del Partido Socialista de America entre 1901 y 1924, fue uno de los primeros socialistas blancos de Estados Unidos en denunciar la división racial dentro del movimiento obrero.

clases de proporciones no menores, que tiende a irritarla y hostigarla, y a confundir la situación. El pequeño capitalista y el gran capitalista forcejean el uno con el otro, peleando por lo que Achille Loria[13] llama «bipartición de las rentas». Una lucha tal, aunque no exactamente análoga, se libró entre los terratenientes y los fabricantes de Inglaterra, cuando los primeros lograron la aprobación de las Leyes de Fábrica[14] y los segundos la derogación de las Leyes del Maíz[15].

No obstante, aquí y allí, algunos miembros de la clase capitalista ven de forma clara la fractura de la sociedad, a lo largo de la cual la lucha empieza a manifestarse, mientras que la prensa y las revistas comienzan a levantar alguna voz ocasional e inquieta. Se han formado dos ligas de capitalistas, con conciencia de clase, cuyo propósito es llevar a cabo su parte de lucha. Como los socialistas, no hablan con rodeos, sino que declaran con determinación y claridad que están luchando para subyugar a la clase opositora. Son los barones contra el pueblo llano. Una de estas ligas, la Asociación Nacional de Manufactureros, no se está deteniendo ante nada en lo que considera un enfrentamiento a vida o muerte.

---

13. Achille Loria (1867-1943), economista e historiador italiano, que defendía que la división de la renta social entre los propietarios de la tierra y el capital, y los productores o trabajadores, refleja la estructura básica de la sociedad económica.

14. *Factory Acts*: Legislación aprobada en el siglo XIX que limitaba las horas de trabajo de mujeres y niños. Al imponer restricciones, reducía la capacidad de expansión y absorción de mano de obra de las fábricas, lo que mantenía el trabajo agrícola y los salarios rurales.

15. *Corn Laws*: Conjunto de leyes proteccionistas que imponían aranceles elevados a la importación de cereales para proteger a los agricultores y terratenientes ingleses. La derogación de estas leyes en 1846 fue una victoria clave para los fabricantes, ya que permitió la importación de alimentos más baratos, reduciendo costos para los trabajadores y favoreciendo la industrialización.

El señor D. M. Parry, que es el presidente de la Liga, y también el presidente de la Asociación Nacional de Comercio del Metal, ha movido cielo y tierra en lo que concibe como un intento desesperado de organizar a su clase. Ha lanzado una llamada a las armas en unos términos que son de todo menos ambiguos:

«Aún hay tiempo en los Estados Unidos de evitar el programa socialista, que, sin control, acabará por arruinar nuestro país».

Como dice, el trabajo es para:

«... los empleadores federados de forma que abordemos como un frente unido todas las cuestiones que nos afectan. Debemos llegar a esto tarde o temprano... El trabajo inmediato que la Asociación Nacional de Manufactureros tiene por delante es, en primer lugar, evitar que el pernicioso proyecto de ley de la jornada de ocho horas se apruebe; en segundo lugar, destruir el proyecto de ley anti-interdicto[16], que os arrebata el negocio y lo pone en manos de vuestros empleados; y, en tercer lugar, asegurar la aprobación del proyecto de ley para el Departamento de Comercio e Industria, este último avanzaría rápidamente si no fuera por la obstinada oposición del sindicalismo organizado[17]». A través de este departamento, continúa, «los intereses empresariales tendrían una representación directa y favorable en Washington».

En una carta posterior, difundida ampliamente entre

16. Proyecto de ley impulsado por el movimiento obrero, a comienzos del siglo XX, para limitar el uso de las órdenes judiciales utilizadas para impedir huelgas, prohibir piquetes o boicots y, en general, paralizar cualquier acción colectiva de los sindicatos.

17. Aunque el proyecto federal para crear un Departamento de Comercio e Industria se aprobó en 1903 con relativa facilidad, los sindicatos se opusieron porque suponía mayor concentración de poder empresarial y no incluía protecciones explícitas para los trabajadores.

los capitalistas ajenos a la Liga, el presidente Parry señala el éxito que ya empieza a acompañar a los esfuerzos de la Liga en Washington. «Hemos contribuido más que cualquier otra influencia a la rápida aprobación del nuevo proyecto de ley del Departamento del Comercio. Se dice que las actividades de esta oficina son numerosas y satisfactorias; pero sobre eso no debo decir demasiado, o nada... En Washington, la Asociación no siempre está demasiado representada, ni de manera directa ni indirecta. A veces se sabe, de forma muy poderosa, que está representada con vigor y unidad. Otras veces, ni siquiera se sabe que está representada».

La segunda organización capitalista con conciencia de clase se llama Liga Económica Nacional. Esta también manifiesta la franqueza de hombres que no se andan con rodeos en cuanto a los términos, sino que dicen lo que piensan y están decididos a emprender una larga y ardua batalla. Su carta de invitación a posibles miembros comienza de forma audaz:

«Tenemos el honor de informarle de que la Liga Económica Nacional prestará sus servicios en un movimiento educativo imparcial contra el socialismo y el odio de clase».

Entre sus miembros con conciencia de clase, hombres que reconocen que ya se han disparado los primeros cañonazos de la lucha de clases, pueden mencionarse los siguientes nombres: el honorable Lyman J. Gage, ex secretario del Tesoro de los Estados Unidos; el honorable Thomas Jefferson Coolidge, exministro en Francia; el reverendo Henry C. Potter, obispo de la diócesis de Nueva York; el honorable John D. Long, secretario de la Marina de los Estados Unidos; el honorable Levi P. Morton, ex vicepresidente de los Estados Unidos; Henry Clews; John F. Dryden, presidente de la compañía de seguros Prudential Life Insurance Company; John A. Mc-

Call, presidente de New York Life Insurance Company; J. L. Greatsinger, presidente de la empresa de transporte Brooklyn Rapid Transit Company; la firma de construcción naval Wm. Cramp & Sons; el sistema ferroviario Southern Railway System y la compañía Atchison, Topeka & Santa Fe Railway Company.

Los ejemplos de voces editoriales preocupadas no han sido raros en los últimos doce meses. Durante los últimos días de la huelga de carbón antracita, hubo muchos clamores en la prensa advirtiendo que los propietarios de las minas, con su obstinación, estaban sembrando las lamentables semillas del socialismo.

El *World's Work*, de diciembre de 1902, decía: «El siguiente hecho significativo es la recomendación de la Federación Obrera de Illinois de que todos los miembros de los sindicatos que sean también miembros de la milicia estatal abandonen la milicia. Otras organizaciones han visto con buenos ojos esta propuesta. Ha hecho más que cualquier otra declaración o acción reciente para causar desconfianza pública hacia aquellas sindicatos que la apoyan. Da indicios de una separación de clases que, a su vez, apunta a la anarquía».

The Outlook, del 14 de febrero, 1903, en referencia a los disturbios de Waterbury, remarca:

«Que todo este desorden haya tenido lugar en una ciudad del carácter y la inteligencia de Waterbury indica que el espíritu de la guerra industrial no está para nada limitado a las clases trabajadoras inmigrantes o ignorantes».

Que el presidente Roosevelt[18] ha olido el humo de la línea de fuego de la lucha de clases es evidente por sus palabras:

---

18. Se refiere a Theodore Roosevelt Jr., vigesimosexto presidente de los Estados Unidos desde 1901 hasta 1909.

«Sobre todo, debemos recordar que cualquier tipo de hostilidad de clase en el mundo político es, si cabe, más destructiva para el bienestar nacional que cualquier resentimiento social, racial o religioso».

Lo más importante que debe destacarse aquí es el reconocimiento tácito que el presidente Roosevelt hace de la hostilidad de clase en el mundo industrial y su temor, que no puede ser expresado con mayor contundencia por el lenguaje, de que esta hostilidad de clase se extienda al mundo político. No obstante, esta es exactamente la política que los socialistas han anunciado en su declaración de guerra contra la sociedad actual, capturar la maquinaria política de la sociedad y con esa maquinaria destruir la sociedad actual.

The Independent, en un editorial publicado el 12 de febrero de 1903, reconoce sin reservas la lucha de clases: «Es imposible pronunciarse con justicia sobre los métodos de las uniones obreras o diseñar planes para remediar sus abusos, hasta que se reconozca, para empezar, que los sindicatos están basados en el antagonismo de clase y que sus políticas están dictadas por las necesidades del bienestar social. Una huelga es una rebelión contra los propietarios. Y una huelga, bajo cierta provocación, puede extenderse hasta llegar a una huelga general, como ocurrió en Bélgica hace algunos años, cuando prácticamente toda la población asalariada dejó de trabajar para forzar concesiones políticas por parte de las clases propietarias. Este es un caso extremo, pero pone en evidencia la verdadera naturaleza de la organización laboral como una forma de guerra cuyo objetivo es la coerción ejercida por una clase sobre otra».

Se ha demostrado, de forma teórica y práctica, que hay una lucha de clases en Estados Unidos. La pelea sobre la división del producto conjunto es irreconciliable.

La clase trabajadora ya no está perdiendo a sus miembros más fuertes y capaces. Estos hombres, a quienes se les ha negado espacio para su ambición en las filas capitalistas, permanecen como líderes de los trabajadores, para incitarlos al descontento, para concienciarlos de su condición de clase y conducirlos a la rebelión.

Esta revuelta, que aparece espontáneamente en el ámbito industrial en forma de demandas por una mayor parte del producto conjunto, está siendo moldeada con cuidado y astucia para un asalto político de la sociedad.

Sus líderes, con la despreocupación de los fatalistas, no dudan ni un segundo en hacer públicas sus intenciones ante el mundo. Intentan dirigir la revuelta laboral para capturar la maquinaria política de la sociedad. Una vez tengan la maquinaria política en sus manos, lo que les dará también el control de la policía, el ejército, la armada y los tribunales, confiscarán, con o sin compensación, todas las posesiones de la clase capitalista que se utilizan en la producción y distribución de las necesidades y los lujos de la vida. A través de esto intentan aplicar la ley de expropiación forzosa a la tierra y extender la ley de expropiación forzosa hasta que englobe las minas, las fábricas, los ferrocarriles y las navieras. En pocas palabras, pretenden destruir la sociedad contemporánea, que afirman está administrada en beneficio de otra clase, y con sus materiales erigir una nueva sociedad que se dirigirá en su propio beneficio.

Por otra parte, la clase capitalista está empezando a ser consciente de sí misma y de la lucha que se está librando. Ya está formando ligas ofensivas y defensivas, mientras que las figuras más prominentes de la nación se están preparando para liderar el ataque al socialismo.

La cuestión que hay que resolver no es una cuestión de maltusianismo, «eficiencia estimada» o ética. Es una cuestión de fuerza. La clase que gane, ganará en virtud de su superioridad de poder, pues los trabajadores están empezando a decir, como le dijeron al señor Cunniff, «Malthus, vete al diablo.»

Queda por ver con cuánta prontitud responderá la clase capitalista a la llamada a las armas. De su celeridad depende su existencia, porque si se sienta sin hacer nada, proclamando con convicción que lo que no debería ser, no puede ser, se le caerán las vigas del tejado sobre la cabeza. Ni siquiera tres mil, mucho menos trescientos mil, de sus miembros están organizados para aplastar una revuelta que se está extendiendo con rapidez. La clase capitalista está en minoría numérica y corre el riesgo de ser superada en votos si no pone fin a la intensa propaganda que su enemigo está desplegando. En esta dirección, no ha ideado ningún plan adecuado como el que sus atacantes han concebido y están poniendo en práctica en su intento de tomar, con sus millones de votos, el movimiento sindical. Ya no es una cuestión de si existe o no la lucha de clases. La pregunta es: ¿cuál será el resultado de la lucha de clases?

Independent / 3 de noviembre, 1903.

El esquirol

Aunque el autor de este ensayo es principalmente conocido para los lectores de Atlantic *como escritor de relatos de Klondike, ha dedicado muchos años al estudio de los problemas sociales.* La gente del abismo *es una de sus últimas producciones en este campo. Este artículo es una contribución interesante, desde un punto de vista radical, a la serie de ensayos de* Atlantic *sobre la ética de los negocios. Le seguirá en febrero el artículo «¿Es el comercialismo una vergüenza?», de John Graham Brooks.*

Los editores

En una sociedad competitiva, donde los hombres luchan entre sí por el alimento y el refugio, ¿qué es más natural que la generosidad? Sin embargo, cuando esta reduce el alimento y el refugio de otros hombres que no son el generoso, ¿debe considerarse una cosa maldita? Por más que los antiguos refranes digan lo contrario, quien toma del bolsillo de un hombre toma de su existencia. Atacar el alimento y el refugio de alguien es atacar su vida, y en una sociedad organizada sobre la base de la supervivencia con uñas y dientes, tal acto, aunque se realice bajo el disfraz de generosidad, no deja de ser amenazante y terrible.

Por esta razón el trabajador es fieramente hostil a otro trabajador que ofrezca trabajar por menos paga o más horas. Para mantener su posición —que es su vida— debe contrarrestar esta oferta por otra igual de liberal, lo que es equivalente a ceder de alguna manera parte de la comida y el refugio de los que disfruta. Vender su jornada de trabajo por dos dólares, en vez de dos dólares y medio, significa que él, su mujer y sus hijos no tendrán un techo tan bueno sobre sus cabezas, abrigos tan calientes sobre sus espaldas o una comida tan sustanciosa en sus estómagos. Se comprará carne con menos frecuencia, y será más dura y menos nutritiva; los niños se pondrán zapatos nuevos y resistentes menos a menudo, y la enfermedad y la muerte serán más inminentes en una casa y un barrio más baratos.

Así, el trabajador generoso, dando más de un día de trabajo por menos —medido en términos de alimento y refugio—, amenaza la vida de su hermano trabajador menos generoso y, si no destruye esa vida, la reduce. Por lo cual, el trabajador menos generoso lo ve como un enemigo y, como los hombres tienden a hacer en una sociedad en la que se lucha con uñas y dientes, intenta matar al hombre que está tratando de matarlo a él.

Cuando un huelguista mata con un ladrillo al hombre que ha ocupado su sitio, no tiene la conciencia de hacer algo malo. En lo más profundo de su interior, aunque no reflexione sobre su impulso, tiene una aprobación ética. Siente de manera vaga que tiene justificación, así como el Boer que defendía su casa lo sentía, con cada bala que disparaba a los invasores ingleses. Detrás de cada ladrillo lanzado por un huelguista está su propia voluntad egoísta de vivir y la voluntad, algo más altruista, de que su familia viva. El grupo familiar llegó al mundo antes que el grupo de Estado, y estando la sociedad en la base primitiva de la lucha con uñas y dientes, la voluntad de vivir del Estado no es tan convincente para el huelguista como su propia voluntad de vivir y de que su familia viva.

Además del uso de ladrillos, porras, y balas, el trabajador egoísta tiene la necesidad de expresar sus sentimientos con palabras. Así como el apacible campesino llama *pirata* al corsario, y el burgués respetable llama *ladrón* al hombre que irrumpe en su caja fuerte, del mismo modo el trabajador egoísta aplica el epíteto despectivo de *esquirol* al obrero que le quita alimento y refugio por ser más generoso en la disposición de su fuerza de trabajo. La connotación sentimental de esquirol es tan terrible como *traidor* o *Judas*, y una definición sentimental sería tan profunda y variada como el corazón humano. Es mucho más fácil llegar a una definición que podríamos llamar *técnica*, como, por ejemplo, que un esquirol es aquel que ofrece mayor valor por el mismo precio que otro.

El trabajador que ofrece más tiempo, o fuerza, o habilidad, por el mismo salario que otro; o el mismo tiempo, o fuerza, o habilidad, por menos salario, es un esquirol. Esta generosidad por su parte es dañina para sus compañeros trabajadores, porque les obliga a una generosidad igual que no es de su agrado, y que les deja menos alimento y refugio. Pero algo se puede decir a favor del esquirol. Así como su acto obliga a sus rivales a ser generosos, del mismo modo ellos, por la fortuna de su nacimiento y su educación, hacen obligatorio su acto de generosidad. No es esquirol porque quiera serlo. Ningún capricho del espíritu, ningún brote del corazón lo lleva a dar más de su fuerza de trabajo que ellos por una determinada suma.

Es un esquirol porque no puede conseguir trabajo en las mismas condiciones que ellos. Hay menos trabajo que hombres para trabajar. Esto es evidente, de lo contrario el esquirol no sería una amenaza tan grande sobre el horizonte del mercado laboral. Porque son más fuertes que él, o más hábiles, o más afortunados, o tienen más energía, es imposible que él ocupe su lugar por el mismo salario. Para ocupar su lugar debe ofrecer más valor, debe trabajar más horas, o recibir menos salario. Y así lo hace, no puede evitarlo, porque su voluntad de vivir lo impulsa igual que a los demás les impulsa la suya y, para vivir necesita conseguir alimento y refugio, lo que solo puede hacer si obtiene permiso para trabajar de algún hombre que sea dueño de un trozo de tierra o una parte de la maquinaria. Y para obtener el permiso de este hombre, necesita hacer que la transacción le sea beneficiosa.

Visto de esta manera, el esquirol que ofrece más fuerza de trabajo por el mismo precio que sus compañeros no es tan generoso después de todo. No es más generoso con su energía que el esclavo en propiedad o el trabajador convicto, quienes, dicho sea de paso, son los esquiroles casi perfectos. Ofrecen su fuerza de trabajo por casi el precio mínimo posible. Pero, dentro de ciertos límites, pueden holgazanear y demorarse y, como esquiroles, son superados por la máquina, que nunca holgazanea ni se demora, y que constituye el esquirol idealmente perfecto.

No está bien ser un esquirol. No solo carece de buen gusto social y de camaradería, sino que, desde el punto de vista de la comida y el techo, es una mala política económica. Nadie desea ser esquirol, dar mucho a cambio de poco. El objetivo de cada individuo es de hecho lo opuesto, dar poco por mucho; y como resultado, al vivir en una sociedad en la que se lucha con uñas y dientes, los individuos ambiciosos libran una batalla campal. Pero en su aspecto más destacado, el de la lucha sobre la división del producto conjunto, ya no es una batalla entre individuos, sino entre grupos de individuos. Capital y mano de obra se aplican a la materia prima, hacen algo útil de ella, añaden valor y después proceden a pelearse por la división del valor añadido. Ninguno quiere dar mucho a cambio de poco. Cada uno se empeña en dar menos que el otro y recibir más.

El trabajo se agrupa en sindicatos; el capital, en sociedades, asociaciones, corporaciones y consorcios. El resultado es una lucha de grupo, en la que los individuos, como individuos, no juegan ningún papel. La Hermandad de Carpinteros y Ebanistas, por ejemplo, notifica a la Asociación de Maestros Constructores que demanda un aumento en el salario de sus miembros de 3,50 a 4 dólares, y media jornada libre los sábados, sin paga. Esto quiere decir que los carpinteros están intentado dar menos por más. Cuando recibían 21 dólares por seis días completos, están intentando conseguir 22 dólares por cinco días y medio, esto es, trabajarán medio día menos cada semana y recibirán un dólar más.

Además, esperan que la media jornada libre del sábado laboral dé trabajo a un hombre más por cada once antes contratados. Esto último proporciona un espléndido ejemplo del desarrollo de la idea de grupo. En esta lucha particular, el individuo no tiene ninguna posibilidad de sobrevivir. El carpintero individual sería aplastado como una mota de polvo por la Asociación de Maestros Constructores y, como una mota de polvo, el maestro constructor individual sería aplastado por la Hermandad de Carpinteros y Ebanistas.

En la lucha de grupo sobre la división del producto conjunto, el trabajo utiliza el sindicato con sus dos grandes armas, la huelga y el boicot; mientras el capital utiliza el consorcio y la asociación, cuyas armas son la lista negra, el cierre patronal y el esquirol. El esquirol es con mucho la más formidable de los tres. Es el hombre que rompe la huelga y causa todos los problemas. Sin él no habría problemas, ya que los huelguistas están dispuestos a quedarse fuera de forma pacífica e indefinida mientras no haya otros hombres en su lugar, y mientras esa suma particular de capital con la que están luchando se esté devorando a sí misma en una inactividad obligatoria.

Pero ambos grupos en guerra tienen armas de reserva en la manga. Si no fuera por el esquirol, estas armas no se utilizarían. Pero el esquirol ocupa el lugar de los huelguistas, que de inmediato comienzan a blandir su arma más poderosa, el terrorismo. La voluntad de vivir del esquirol retrocede ante la amenaza de huesos rotos y muerte violenta. Con el debido respeto a los líderes laborales, a quienes no se les puede culpar por afirmar lo contrario de manera vehemente, el terrorismo es una política bien definida y sumamente eficaz de los sindicatos. Probablemente ha ganado más huelgas que todas las demás armas de su arsenal.

Este terrorismo, no obstante, debe ser bien entendido. Está dirigido exclusivamente contra el esquirol, provocándole un temor tal por su vida y su integridad física que lo obliga a abandonar la contienda. Pero cuando el terrorismo se descontrola y no combatientes inofensivos son heridos, la ley y el orden amenazados, y la propiedad destruida, se convierte en un arma de doble filo. Los líderes laborales lamentan de manera sincera este tipo de terrorismo, ya que probablemente les ha hecho perder tantas huelgas como cualquier otra causa aislada.

El esquirol está indefenso ante el terrorismo. Como regla general no es un hombre tan bueno ni tan tenaz como los hombres a los que está desplazando y carece de su organización para la lucha. Está en urgente necesidad de fortalecimiento y apoyo. Sus patrones, los capitalistas, sacan las dos armas que les quedan, cuya propiedad es debatible, pero las cuales controlan de momento. Estas dos armas se pueden llamar la maquinaria política y judicial de la sociedad. Cuando el esquirol se desmorona y está listo para caer ante los puños, ladrillos y balas del grupo obrero, el grupo capitalista pone a la policía y los soldados en el campo, y comienza un bombardeo general de órdenes judiciales. Generalmente, a continuación, llega la victoria, porque el grupo obrero no puede soportar el ataque combinado de ametralladoras Gatling[19] y órdenes judiciales.

Pero ya se ha apuntado que la propiedad de la maquinaria política y judicial de la sociedad es debatible. En la lucha titánica por la división del producto conjunto, cada grupo intenta agarrar cualquier arma a su alcance. Tampoco están cegados por el humo del conflicto. Libran sus batallas con una calma y compostura como jamás se han librado batallas sobre el papel. El grupo capitalista hace mucho que se dio cuenta de la importancia de controlar la maquinaria política y judicial de la sociedad. Enseñados por gatlings y órdenes judiciales, que

19. Arma de repetición inventada en 1861 por Richard Gatling. Fueron utilizadas como herramienta de intimidación y represión por parte de las autoridades y empresas, a finales del siglo XIX y principios del XX, en conflictos laborales como la huelga de ferrocarriles de Pittsburg en 1877.

han aplastado muchas huelgas que de otra forma hubieran tenido éxito, el grupo obrero se está empezando a dar cuenta de que todo depende de quien está detrás y quien está delante de esas armas. Y aquel que conoce el movimiento obrero sabe que está creciendo poco a poco y se está empezando a formular una política clara para tomar el control de la maquinaria política y judicial.

Este es el terrible espectro que el señor John Graham Brooks[20] ve cerniéndose de forma ominosa sobre el mundo del siglo XX. Ningún hombre puede presumir de un conocimiento más profundo del movimiento obrero que él, y él reitera una y otra vez la peligrosa probabilidad de que todo el grupo obrero tome el control de la maquinaria política de la sociedad. Como dice en su reciente libro: «No es probable que los patrones puedan destruir el sindicalismo en Estados Unidos. No obstante, se harán intentos hábiles y desesperados, si por sindicalismo entendemos la realidad indisciplinada y agresiva de organizaciones vigorosas y decididas. Los patrones solo tienen que convencer a la mano de obra de que no podrá resistir contra el dirigente capitalista y toda la energía que ahora va al sindicato se dirigirá al socialismo político agresivo. No será la inofensiva simpatía por el aumento de las funciones municipales y estatales que los sindicatos ya sienten; se convertirá en una fuerza política turbulenta, decidida a usar todas las armas de la tributación contra los ricos».

20. John Graham Brooks (1846-1938), sociólogo, reformista político y autor estadounidense, conocido por su profundo análisis de las tensiones laborales y su crítica al monopolio privado. En su obra *The Social Unrest: Studies in Labor and Socialist Movements* (1903) describe una amenaza inminente que se cierne sobre la sociedad del siglo XX. En este contexto, la amenaza se refiere a la posibilidad de que el movimiento obrero adquiera un poder político significativo, lo que podría transformar las estructuras sociales y económicas existentes.

Esta lucha por no ser un esquirol, para evitar dar más por menos, y para conseguir dar menos por más, es más crucial de lo que pudiera parecer en la superficie. Los grupos obrero y capitalista están trabados en una batalla desesperada, y ningún bando se deja influir por consideraciones morales más allá de lo superficial. El grupo obrero contrata agentes de negocios, abogados y organizadores; y está empezando a intimidar a los legisladores con la fuerza de su sólido voto y, de manera más directa, en un futuro cercano, intentará controlar la legislación completamente haciéndose con ella a través de las urnas. Por otra parte, el grupo capitalista, cuantitativamente más débil, contrata periódicos, universidades y los órganos legislativos, y procura adaptar a sus necesidades todas las fuerzas que contribuyen a formar la opinión pública.

La única moral auténtica mostrada por ambas partes es la indignación ardiente ante los abusos de la otra parte. El camionero en huelga lleva complacientemente a un conductor esquirol a un callejón y con una barra de hierro le rompe los brazos para que ya no pueda conducir, pero clama al cielo por justicia cuando el capitalista le rompe el cráneo con una porra en manos de un policía. Más aún, los miembros de un sindicato declamarán con retórica apasionada sobre el derecho otorgado por Dios a la jornada de ocho horas, mientras al mismo tiempo trabajan en su propio negocio durante diecisiete de las veinticuatro horas del día.

Un capitalista, como el difunto Collis P. Huntington, y su nombre es Legión[21], tras una larga vida dedicada a comprar el apoyo de innumerables órganos legislativos, se

21. La frase proviene de la Biblia, del Evangelio de Marcos en el Nuevo Testamento, donde un hombre poseído por demonios le dice a Jesús: «Mi nombre es Legión, porque somos muchos».

llenará de una virtuosa ira y condenará en términos desmedidos «la peligrosa tendencia a clamar ante el gobierno en busca de ayuda» en materia de legislación laboral. Sin pestañear, un miembro del grupo capitalista hará trabajar a decenas de miles de niños en condiciones miserables en sus fábricas de algodón que destruyen vidas y derramará lágrimas sentimentaloides y constitucionales por un solo esquirol golpeado en la espalda con un ladrillo. Le llevará un «contrato libre» obligatorio a un trabajador no sindicado sobre la base de un salario de hambre, diciendo: «Tómalo o déjalo», sabiendo que dejarlo significa morir de hambre; y al siguiente instante, cuando el organizador atrae a ese trabajador hacia un sindicato, vociferará patrióticamente sobre los derechos inalienables de todos los hombres a trabajar. Para resumir, la mayor preocupación moral de cada parte es la moral de la otra parte. No están en el negocio por su bienestar moral, sino para alcanzar la envidiable posición del trabajador que no hace de esquirol y recibe más de lo que da.

Pero hay más en la cuestión de lo que se ha discutido hasta ahora. El esquirol obrero no es más detestable para sus hermanos trabajadores de lo que es el esquirol capitalista para sus hermanos capitalistas. Un capitalista puede conseguir más por menos al tratar con sus trabajadores; pero al mismo tiempo, en sus negocios con sus compañeros capitalistas, puede dar más por menos y ser el peor tipo de esquirol. El crimen más atroz que un empleador de mano de obra puede cometer es traicionar a sus compañeros empleadores.

Igual que los trabajadores individuales se han organizado en grupos para protegerse del peligro del obrero esquirol, los empleadores se han organizado en grupos para protegerse del peligro del empleador esquirol. Las federaciones, asociaciones y consorcios de patrones son nada más y nada menos que sindicatos. Están organizados para erradicar el esquirolaje entre sus filas y para fomentar el esquirolaje entre los otros. Por esta razón, agrupan intereses, fijan precios y presentan un frente unido y agresivo ante el grupo obrero.

Como se ha dicho antes, a nadie le gusta jugar el papel obligatoriamente generoso del esquirol. Es una mala propuesta de negocio a simple vista. Y es evidente que no existirían esquiroles capitalistas si no hubiera más capital que trabajo a realizar. Cuando existen suficientes fábricas para suministrar, con paradas ocasionales, un determinado producto, la construcción de nuevas fábricas por una empresa rival, para producir ese mismo producto, es una clara señal de que ese capital está desempleado. El primer acto de esta nueva concentración de capital será bajar los precios, dar más a cambio de menos; en pocas palabras, hacer de esquirol, atacando la propia existencia de la concentración de capital menos generosa, cuyo trabajo intenta asumir.

Ningún esquirol capitalista aspira a dar más por menos por ninguna otra razón que no sea su esperanza de, ofreciendo precios más bajos que el competidor y sacándolo del mercado, conseguir ese mercado y sus beneficios para sí mismo. Su ambición es alcanzar el día en que pueda mantenerse solo en el campo, tanto como comprador como vendedor; cuando sea el soberano no-esquirol, comprando lo máximo por lo mínimo, vendiendo lo mínimo por lo máximo, y reduciendo a todos los que lo rodean, los pequeños compradores y vendedores —los consumidores y los trabajadores—, a una condición general de esquirolaje.

Esta, por ejemplo, ha sido la historia del señor Rockefeller y de la *Standard Oil Company*. A través de todas las sórdidas economías del esquirolaje, ha transitado hasta llegar a ser hoy un no-esquirol de lo más regio. Sin embargo, para mantenerse en esta posición envidiable, debe estar preparado, en cualquier momento, para volver a hacer de esquirol. Y lo está. Cada vez que surge un competidor, el señor Rockefeller pasa de dar lo mínimo por lo máximo a dar lo máximo por lo mínimo, con tal saña que acaba con la existencia del competidor.

Los capitalistas asociados discriminan a un capitalista esquirol negándole ventajas comerciales y confabulándose contra él de la manera más implacable. Los trabajadores asociados, que discriminan a un trabajador esquirol de un modo más primitivo, con un garrote, no son más despiadados que los capitalistas asociados.

El señor Casson[22] relata la historia de un capitalista de Nueva York que se retiró de la Unión Azucarera hace varios años y se convirtió en esquirol. Su patrimonio era de unos veinte millones de dólares. Pero la Unión Azucarera, hombro con hombro con el Sindicato de Ferrocarriles y varios otros, lo humilló por completo hasta que gritó basta. Tan brutalmente lo derrotaron que se vio obligado a entregar a sus acreedores su casa, sus gallinas y su reloj de oro. De hecho, fue aplastado por completo por la Federación de Sindicatos de Capitalistas como cualquier trabajador esquirol por un sindicato obrero. La intención, en ambos casos, es la misma: destruir el poder productivo del esquirol. El obrero esquirol, con conmoción cerebral, queda fuera de combate, y lo mismo sucede con el esquirol capitalista que ha perdido todos sus dólares, hasta sus gallinas y su reloj.

---

22. Es probable que el autor se refiera a Herbert Newton Casson (1869-1951), periodista y autor canadiense-estadounidense conocido por sus escritos sobre tecnología, negocios y economía. Aunque no era un economista académico en el sentido moderno, su experiencia como periodista y escritor lo convirtió en una figura influyente en la discusión pública sobre temas laborales y económicos en su época.

Pero el papel del esquirol va más allá del individuo. Así como los individuos actúan como esquiroles contra otros individuos, también lo hacen los grupos contra otros grupos. Y el principio en cuestión es precisamente el mismo que en el caso del simple obrero esquirol. Un grupo, por la naturaleza de su organización, a menudo se ve obligado a dar lo máximo por lo mínimo y, al hacerlo, a atacar la vida de otro grupo. En este momento, toda Europa está horrorizada por ese colosal esquirol, Estados Unidos. Y Europa clama agitada por una Federación de Sindicatos Nacionales que la proteja de los Estados Unidos. Cabe señalar, de paso, que en sus elementos esenciales esta agitación no difiere en absoluto de la agitación sindical entre los trabajadores de cualquier industria. El problema lo causa el esquirol que da lo máximo por lo mínimo. El resultado de las nefastas acciones del Esquirol Americano será atacar la alimentación y el refugio de Europa. La manera de que Europa se proteja es dejar de disputar entre sus partes y unirse contra el Esquirol. Y si se forma la unión, se puede esperar que se pongan en juego ejércitos y armadas de manera similar a como se utilizan ladrillos y porras en las luchas laborales ordinarias.

En este contexto, y como uno de los muchos delegados itinerantes de las naciones, puede citarse con propiedad a M. Leroy-Beaulieu, el célebre economista francés. En una carta al *Vienna Tageblatt*, aboga por una alianza económica entre las naciones continentales con el propósito de excluir los productos estadounidenses, una alianza económica que, en sus propias palabras, «posible y deseablemente podría desarrollarse en una alianza política».

Se puede observar en las declaraciones de los delegados itinerantes continentales que, uno tras otro, dejan a Inglaterra fuera de la unión propuesta. Y en la propia Inglaterra crece la sensación de que sus días están contados si no logra unirse, para la ofensiva y la defensa, con el gran Esquirol Americano. Como dijo Andrew Carnegie[23] hace algún tiempo: «El único camino para Gran Bretaña parece ser la reunión con su nieto, o un seguro declive hacia un lugar secundario, y luego hacia la insignificancia comparativa en los futuros anales de la raza angloparlante».

Cecil Rhodes[24], al hablar de lo que habría ocurrido de no ser por la terquedad de Jorge III y de lo que ocurrirá cuando Inglaterra y Estados Unidos estén unidos, dijo: «Ningún cañón sería disparado en ninguno de los hemisferios sin el permiso de la raza inglesa». Parecería que Inglaterra, frente a la hostil Unión Continental y flanqueada por el gran Esquirol Americano, no tiene otra opción que unirse con el Esquirol y desempeñar el histórico papel laboral de Pinkerton armado. Según las palabras de Cecil Rhodes, Estados Unidos podría entonces actuar como esquirol en Europa sin impedimento alguno, mientras que Inglaterra, como rompehuelgas profesional y policía, destruiría los sindicatos y mantendría el orden.

Todo esto puede parecer fantasioso y equivocado, pero encierra una verdad fundamental mucho más significativa de lo que parece. Hoy en día, la civilización puede expresarse en términos de sindicalismo. Las luchas individuales aumentan prodigiosamente. Y las cosas por las que luchan los grupos son las mismas de siempre. Despojadas de todas las sutilezas y complejidades, la lucha principal de los hombres, y de los grupos de hombres, es por alimento y refugio. Y así como antes luchaban con uñas y

23. Andrew Carnegie (1835-1919), empresario, industrial y filántropo escocés-estadounidense, autor de *El evangelio de la riqueza*, ensayo publicado en la revista *North American Review* en 1889.

24. Cecil Rhodes (1853-1902), político, empresario y figura clave del imperialismo británico en África durante el siglo XIX.

dientes, hoy luchan con dientes y uñas prolongados en ejércitos y armadas, máquinas, y ventajas económicas.

Bajo la definición de que un esquirol es aquel que da más valor por el mismo precio que otro, parecería que la sociedad puede dividirse generalmente en dos clases: los esquiroles y los no-esquiroles. Pero, sin embargo, al investigar más de cerca, se verá que el no-esquirol existe en una cantidad que tiende a desaparecer. En la jungla social, todos se aprovechan de todos los demás. Como en el caso del señor Rockefeller: quien fue esquirol ayer no es esquirol hoy, y mañana puede volver a ser esquirol.

La mujer taquígrafa o contable que recibe cuarenta dólares al mes donde un hombre recibía setenta y cinco es un esquirol. Lo es también la mujer que realiza el trabajo de un hombre en un telar, y el niño que entra en la fábrica o molino. Y el padre, que ha perdido su trabajo a causa de las mujeres e hijos de otros hombres, envía a su propia esposa e hijos a trabajar como esquiroles para salvarse a sí mismo.

Cuando un editor ofrece a un escritor mejores derechos de autor que los que otros editores le habían estado pagando está actuando como esquirol frente a esos otros editores. El reportero de un periódico que siente que debería recibir un salario mayor por su trabajo, lo expresa y le muestran la puerta, es reemplazado por un reportero que es un esquirol y, entonces, cuando aprieta la necesidad, el reportero desplazado va a otro periódico y se convierte él mismo en esquirol.

El ministro que endurece su corazón ante una petición y espera que cierta congregación le ofrezca, digamos, quinientos dólares más al año, a menudo se encuentra con otro ministro esquirol más necesitado; y la próxima vez es su turno de ser un esquirol mientras otro ministro endurece su corazón ante una petición.

El esquirol está en todas partes. Los rompehuelgas profesionales, que como clase reciben altos salarios, actúan como esquiroles entre sí, incluso se forman sindicatos de esquiroles para evitar que esto ocurra.

Existen no-esquiroles, pero generalmente nacen así, y están protegidos por toda la fuerza de la sociedad en la posesión de su alimento y refugio. El rey Eduardo es un ejemplo de este tipo, al igual que todos los individuos que reciben privilegios hereditarios de alimento y refugio, como el actual duque de Bedford, por ejemplo, quien recibe cada año 75.000 dólares de la buena gente de Londres porque algún rey anterior otorgó a algún antepasado suyo los privilegios del mercado de Covent Garden. Los ricos irresponsables también son no-esquiroles, y *ellos* quiere decir esa clase rentista[25] que contrata gerentes y cerebros para invertir el dinero que generalmente les dejó la herencia de sus antepasados.

Fuera de estas criaturas afortunadas, todos los demás, en algún momento de sus vidas, son esquiroles, y en algún momento se dedican a dar más por un determinado precio que cualquier otro. El profesor sumiso de alguna institución dotada con fondos propios, al reprimir con timidez sus convicciones, está dando más por su salario que el otro profesor más expresivo, cuyo puesto ocupa. Y cuando un partido político agita un plato lleno de comida ante los ojos de las masas trabajadoras está ofreciendo más a cambio de un voto que el dudoso dólar del partido opositor. Incluso un prestamista de dinero no está por encima de aceptar un interés ligeramente menor y no decir nada al respecto.

25. El autor utiliza la expresión *coupon-clipping class* que se traduce de manera literal como «la clase que recorta cupones», porque en el siglo XIX y principios del XX los bonos y obligaciones tenían cupones que se recortaban para cobrar intereses.

Es tal el enredo de intereses en conflicto en una sociedad en la que se lucha con uñas y dientes que las personas no pueden evitar ser esquiroles, y a menudo lo son en contra de su voluntad y de manera inconsciente. Cuando varios oficios en una determinada localidad exigen y reciben un aumento de los salarios están convirtiendo involuntariamente en esquiroles a sus compañeros trabajadores de esa zona que no han recibido aumento alguno.

En San Francisco, los barberos, los trabajadores de lavanderías y los conductores de carros de leche recibieron un aumento de salarios. Sus patrones repercutieron inmediatamente el importe de este incremento en el precio de venta de sus servicios. El precio de los afeitados, del lavado y de la leche subió. Esto redujo el poder adquisitivo de los trabajadores no organizados y, de hecho, redujo sus salarios y los convirtió en esquiroles aún mayores.

Debido a que el obrero británico es reticente a hacer de esquirol, esto es, porque restringe su producción para dar menos a cambio del salario que recibe, es posible, hasta cierto punto, que el capitalista americano, quien obtiene una producción menos restringida de sus obreros, actúe como esquirol del capitalista inglés. Como resultado de esto, combinado con otras causas, por supuesto, el capitalista y el obrero estadounidenses están atentando contra el alimento y el refugio del capitalista y del obrero ingleses.

El obrero inglés se está muriendo de hambre hoy porque, entre otras cosas, no es un esquirol. Practica la política del *Ca' Canny*[26], que puede definirse como «tomárselo

26. Expresión característica del vocabulario obrero británico de finales del siglo XIX y principios del XX que proviene del dialecto escocés y significa *go carefully* o *take it easy*, es decir, ve con cuidado o tómatelo con calma. En el contexto laboral, se convirtió en una política obrera de resistencia pasiva: trabajar más despacio como forma de protesta o defensa.

con calma». Con el fin de obtener el máximo a cambio del mínimo esfuerzo, en muchos oficios realiza solo entre una cuarta y una sexta parte del trabajo que es perfectamente capaz de hacer.

Un ejemplo de ello se encuentra en la construcción de la Westinghouse Electric Works en Mánchester. El límite británico por hombre era de 400 ladrillos al día. La compañía Westinghouse importó a un contratista americano *dinámico*, asistido por media docena de capataces americanos igualmente *dinámicos*, y el albañil británico alcanzó rápidamente un promedio de 1.800 ladrillos por día, con un máximo de 2.500 en los trabajos más sencillos.

Pero la política del *Ca' Canny* del obrero británico, que es la muy honorable política de dar lo menos posible a cambio de lo máximo, y que también es la política del capitalista inglés, es sin embargo mal vista por este último, cuya existencia económica se ve amenazada por el gran Esquirol Americano.

Desde el surgimiento del sistema industrial, el capitalista inglés abrazó con entusiasmo la oportunidad, cada vez que la encontró, de dar menos por más. Lo hizo en todo el mundo siempre que disfrutó de un monopolio de mercado, y lo hizo también en su propio país, con los obreros de sus fábricas, destruyéndolos como moscas, hasta que se lo impidió, dentro de unos límites, la aprobación de las Leyes de Fábrica.

Algunas de las más orgullosas fortunas de Inglaterra hoy pueden rastrear su origen precisamente en esa práctica de dar lo mínimo posible a cambio de lo máximo a los miserables esclavos de las ciudades industriales. Pero en la actualidad, el capitalista inglés se muestra indignado porque sus obreros están empleando contra él exactamente la misma política que él usó contra ellos, y que volvería a usar si se le presentara la ocasión.

Sin embargo, el *Ca' Canny* es algo desastroso para el obrero británico. Ha hecho que la construcción naval pase de Inglaterra a Escocia, que la fabricación de botellas se traslade de Escocia a Bélgica, que la producción de cristal de sílex emigre de Inglaterra a Alemania, y hoy día está expulsando, una tras otra, las industrias hacia otros países.

Hace poco escribía un corresponsal desde Northampton: «Las fábricas trabajan a medio turno, e incluso un tercio del tiempo... No hay huelga, no hay conflicto laboral real, pero tanto los patrones como los obreros sufren por pura falta de trabajo. Los mercados que antes eran suyos, ahora son americanos».

Parece, entonces, que el desdichado obrero británico está entre la espada y la pared. Si da más por menos, se enfrenta a una esclavitud espantosa, como la que marcó los inicios del sistema industrial; y si da menos por más, expulsa las industrias a otros países y se queda sin trabajo alguno. Pero los obreros sindicados de los Estados Unidos no tienen de qué jactarse y, según su propia ética sindical, tienen mucho de qué avergonzarse. Predican con pasión las jornadas cortas y los salarios altos, cuanto más cortas las jornadas y más altos los salarios, mejor. Su odio hacia un esquirol es tan feroz como el de un patriota hacia un traidor o el de un cristiano hacia un Judas. Y, a pesar de todo esto, son unos esquiroles colosales, del mismo modo que los Estados Unidos son un esquirol colosal. Porque, pese a todos sus famosos sindicatos y a sus elevados ideales obreros, son, en realidad, los esquiroles más consumados del planeta.

Recibiendo 4,50 dólares al día, gracias a su destreza y enorme capacidad de trabajo, se sabe que el obrero estadounidense ha llegado a ser un esquirol frente a otros esquiroles —así llamados— que ocupaban su lugar y que recibían apenas 0,90 dólares al día por una jornada más larga. En este caso particular, cinco *coolies*[27] chinos, trabajando más horas, daban menos valor por el salario recibido de su empleador que un solo obrero estadounidense.

Es frente a sus hermanos obreros en el extranjero que el obrero estadounidense hace de esquirol de la manera más escandalosa. Como ha mostrado el señor Casson, un fabricante de clavos inglés recibe 3 dólares por semana, mientras que un fabricante de clavos americano recibe 30 dólares.

Pero el obrero inglés produce 200 libras[28] de clavos por semana, mientras que el americano produce 5.500 libras. Si él fuera tan *justo* como su hermano inglés, otras cosas siendo iguales, estaría recibiendo, al ritmo de salario del obrero inglés, 82,50 dólares. Tal como está la situación, está haciendo de esquirol frente a su hermano inglés por un monto de 79,50 dólares a la semana.

El doctor Schultze-Gaevernitz[29] ha mostrado que un tejedor alemán produce 466 yardas[30] de algodón a la semana a un costo de 0,303 dólares por yarda, mientras que un tejedor americano produce 1.200 yardas a un costo de 0,02 dólares por yarda.

Pero, podría objetarse, gran parte de esto se debe a la maquinaria más avanzada de Estados Unidos. Muy cier-

27. Término utilizado en el siglo XIX y principios del XX para designar a trabajadores provenientes de Asia que emigraban o eran reclutados para trabajar en minas, plantaciones, ferrocarriles o construcción industrial en América, el Caribe y otras colonias. Recibían salarios muy bajos y carecían de derechos laborales; eran considerados mano de obra barata.

28. Una libra equivale a 0,45 kilogramos.

29. Gerhart von Schulze-Gävernitz (1864-1943) fue un destacado economista y político alemán, reconocido por sus estudios sobre economía política y su influencia en la política social alemana. El análisis sobre las diferencias salariales y de productividad entre los tejedores alemanes y estadounidenses se encuentra en su obra *La industria a gran escala: un progreso económico y social*, publicada en 1892.

30. Una yarda equivale a 0,91 metros cuadrados.

to; pero, no obstante, una gran parte sigue debiéndose a la energía, destreza y disposición superiores del obrero americano. El obrero inglés se mantiene fiel a la política del *Ca' Canny*. Se niega rotundamente a sacar de una máquina el trabajo que el esquirol del Nuevo Mundo extrae de la misma máquina. El señor Maxim[31], al observar un proceso de trabajo manual ineficiente en su fábrica inglesa, inventó una máquina que demostró ser capaz de reemplazar a varios hombres.

Pero un trabajador tras otro fue puesto al mando de la máquina, y sin excepción producían ni más ni menos que un obrero trabajando a mano. Obedecían el mandato del sindicato y se lo tomaban con calma, mientras el señor Maxim se rendía con desesperación. El obrero británico no hará funcionar las máquinas a la misma velocidad que el americano, ni tampoco operará tantas a la vez. Un obrero americano puede «prestar igual atención simultáneamente a tres, cuatro o seis máquinas o herramientas, mientras que el obrero británico está obligado por su sindicato a limitar su atención a una sola, para que el empleo pueda repartirse entre media docena de hombres».

Pero en lo que respecta a hacer de esquirol, no recae culpa alguna en ninguna parte. Todo el mundo es un esquirol y, con raras excepciones, todas las personas lo son. El obrero fuerte y capaz consigue un empleo y lo mantiene gracias a su fuerza y capacidad. Y lo mantiene porque, gracias a su fuerza y capacidad, da un mayor valor por su salario que el obrero más débil y menos capaz. Por lo tanto, está actuando como esquirol frente a su hermano obrero

31. Hiram Stevens Maxim (1840-1916), un inventor e ingeniero estadounidense, famoso por haber desarrollado la ametralladora automática, conocida como la *Maxim gun*. Sus innovaciones incluyeron además automatización de manufacturas, motores de vapor y sistemas mecánicos complejos.

más débil y menos capaz. Esto es incontrovertible. Está dando más valor por el precio pagado por el empleador.

El obrero superior hace de esquirol sobre el obrero inferior porque así está constituido y no puede evitarlo. Uno, por fortuna de nacimiento y educación, es fuerte y capaz; el otro, por la misma fortuna, no es tan fuerte ni capaz. Por la misma razón, un país hace de esquirol frente a otro. El país que tiene la buena fortuna de poseer grandes recursos naturales, sol y un suelo más favorables, instituciones que no lo limitan, y una clase laboral y capitalista hábil e inteligente, está destinado a hacer de esquirol frente a un país menos afortunado. Es la buena fortuna de los Estados Unidos lo que lo convierte en el esquirol colosal, así como es la buena fortuna de un hombre nacer con la espalda recta mientras su hermano nace con joroba.

No es bueno dar más por menos, no es bueno hacer de esquirol. La palabra ha adquirido un desprestigio universal. Por otro lado, ser un no-esquirol, dar menos por más, es considerado universalmente tacaño, egoísta e inhumano. Así, todo el mundo, al igual que el obrero británico, está entre la espada y la pared. Es una traición a los semejantes hacer de esquirol y es una traición a Dios y contrario al espíritu cristiano no hacerlo.

Dado que dar menos por más y dar más por menos son acciones universalmente malas, ¿qué queda? Queda la equidad, que consiste en dar lo mismo por lo mismo, ni más ni menos. Pero la sociedad, tal como está constituida en la actualidad, no puede ofrecer esta equidad. No está en la naturaleza de la sociedad moderna que los hombres den lo mismo por lo mismo, igual por igual.

Y mientras los hombres sigan viviendo en esta sociedad competitiva, luchando con uñas y dientes entre sí por el alimento y el abrigo —es decir, luchando con dientes y uñas por la vida—, el esquirol seguirá existiendo. Su voluntad de vivir lo obligará a existir. Podrá ser ridiculizado y abucheado por sus hermanos, podrá ser golpeado con ladrillos y garrotes por los hombres que, por superior fuerza y capacidad, hacen de esquirol frente a él, mientras él hace de esquirol frente a ellos con jornadas más largas y salarios más bajos, pero a pesar de todo persistirá, adelantándolos ligeramente y dando un poco más del máximo por menos que ellos.

Atlantic Monthly / Enero de 1904.

Revolución

El presente es suficiente para las almas comunes,
que, sin mirar nunca hacia el futuro, son en verdad
mera arcilla, en la cual las huellas de su tiempo
quedan petrificadas para siempre[32].

Recibí una carta el otro día. Era de un hombre en Arizona. Comenzaba: «Querido camarada». Terminaba: «Por la revolución, suyo». Respondí a la carta, y mi carta comenzaba: «Querido camarada». Terminaba: «Por la revolución, suyo». En los Estados Unidos hay 400.000 hombres, y de hombres y mujeres casi 1.000.000, que comienzan sus cartas con «Querido camarada» y las terminan con «Por la revolución, suyo». En Alemania hay 3.000.000 de hombres que comienzan sus cartas con «Querido camarada» y las terminan con «Por la revolución, suyo»; en Francia, 1.000.000 de hombres; en Austria, 800.000 hombres; en Bélgica, 300.000 hombres; en Italia, 250.000 hombres; en Inglaterra, 100.000 hombres; en Suiza, 100.000 hombres; en Dinamarca, 55.000 hombres; en Suecia, 50.000 hombres; en Holanda, 40.000 hombres; en España, 30.000 hombres: todos camaradas y revolucionarios.

Son cifras que empequeñecen a los grandes ejércitos de Napoleón y de Jerjes. Pero no son cifras de conquista y mantenimiento del orden establecido, sino de conquista y

32. Extracto del poema «The Present», de James Russell Lowell, incluido en la obra *Poems* (1844).

de revolución. Constituyen, cuando se pasa lista, un ejército de 7.000.000[33] de hombres que, de acuerdo con las condiciones actuales, luchan con todas sus fuerzas por la conquista de las riquezas del mundo y por el derrocamiento completo de la sociedad existente.

Nunca ha existido nada semejante a esta revolución en la historia del mundo. No hay nada comparable entre ella y la Revolución Americana o la Revolución Francesa. Es única, colosal. Otras revoluciones se comparan con ella como los asteroides se comparan con el sol. Es única en su especie, la primera revolución mundial en un mundo cuya historia está repleta de revoluciones. Y no solo esto, pues es el primer movimiento organizado de hombres que se convierte en un movimiento mundial, limitado únicamente por los confines del planeta.

Esta revolución es diferente de todas las demás revoluciones en muchos aspectos. No es esporádica. No es una chispa de descontento popular que surge un día y se apaga al siguiente. Es más antigua que la generación presente. Tiene una historia y tradiciones, y un listado de mártires solo menos extenso posiblemente que el listado de mártires del cristianismo. Posee también una literatura millones de veces más imponente, científica y erudita que la literatura de cualquier revolución anterior.

Se llaman a sí mismos «camaradas», estos hombres, camaradas de la revolución socialista. No es una palabra

33. Jack London recupera una década después conceptos e ideas planteados en este artículo en *El ejército de la revolución* (*International Socialist Review*, mayo de 1914), pero actualiza la cifra de las filas socialistas y amplía su número hasta los diez millones. Este dato coincide con la estimación que hizo Camille Huysmans, secretario de la Oficina Socialista Internacional entre 1905 y 1922. Según aparece recogido en el libro *Under the Socialist Banner: Resolutions os the Second Internactional 1889-1912*, editado por Mike Taber en 2021, Huysmans cifró entre diez y doce millones los miembros afiliados a las secciones de la Segunda Internacional.

vacía ni carente de significado, acuñada por mera palabrería. Une a los hombres como hermanos, tal como deben unirse los hombres que están hombro con hombro bajo la bandera roja de la revuelta. Esta bandera roja, por cierto, simboliza la hermandad de la humanidad, y no representa la conflagración que la mente burguesa, alarmada, asocia de inmediato con la bandera roja. La camaradería de los revolucionarios es viva y cálida. Trasciende las fronteras geográficas, supera los prejuicios raciales, e incluso ha demostrado ser más poderosa que el 4 de julio, que el americanismo desmesurado de nuestros antepasados.

Los trabajadores socialistas franceses y los trabajadores socialistas alemanes olvidan Alsacia y Lorena y, cuando amenaza la guerra, aprueban resoluciones declarando que, como trabajadores y camaradas, no tienen ningún conflicto entre sí. Apenas el otro día, cuando Japón y Rusia se lanzaron uno contra el otro, los revolucionarios de Japón enviaron el siguiente mensaje a los revolucionarios de Rusia: «Queridos camaradas: vuestro gobierno y el nuestro se han sumido recientemente en la guerra para desarrollar sus tendencias imperialistas, pero para nosotros, los socialistas, no existen fronteras, raza, país ni nacionalidad. Somos camaradas, hermanos y hermanas, y no tenemos motivo para luchar. Vuestro enemigo no es el pueblo japonés, sino nuestro militarismo y el llamado patriotismo. El patriotismo y el militarismo son nuestros enemigos comunes».

En enero de 1905, a lo largo de Estados Unidos, los socialistas celebraron reuniones masivas para expresar su simpatía por sus camaradas en lucha, los revolucionarios de Rusia y, más concretamente, para proporcionar los recursos de la guerra recaudando dinero y enviándolo por cable a los líderes rusos. El hecho de esta recaudación, la pronta respuesta y la propia redacción del llamamiento constituyen una demostración llamativa y práctica de la solidaridad internacional de esta revolución mundial.

Cualesquiera que sean los resultados inmediatos del presente levantamiento en Rusia, la propaganda socialista en ese país ha recibido de él un impulso sin igual en la historia de las guerras de clase modernas. La heroica lucha por la libertad está siendo librada casi exclusivamente por la clase trabajadora rusa bajo la dirección intelectual de los socialistas rusos, demostrando así una vez más que los trabajadores con conciencia de clase se han convertido en la vanguardia de todos los movimientos liberadores de los tiempos modernos.

Aquí hay 7.000.000 de camaradas en un movimiento revolucionario organizado, internacional y mundial. Aquí hay una fuerza humana tremenda. Hay que tenerla en cuenta. Aquí hay poder. Y aquí hay romanticismo: un romanticismo tan colosal que parece estar más allá de la comprensión de los mortales comunes. Estos revolucionarios se dejan llevar por grandes pasiones. Tienen un agudo sentido del derecho personal, mucho respeto por la humanidad, pero poco respeto, si acaso alguno, por la autoridad de los muertos. Se niegan a ser gobernados por los muertos. Para la mente burguesa, su incredulidad ante las convenciones dominantes del orden establecido resulta sorprendente. Se burlan de los ideales complacientes y de las apreciadas moralidades de la sociedad burguesa. Tienen la intención de destruir la sociedad burguesa con la mayoría de sus ideales y moralidades y, entre estas, las más importantes son aquellas que se agrupan bajo conceptos como la propiedad privada del capital, la supervivencia del más apto y el patriotismo; incluso el patriotismo.

Un ejército revolucionario de 7.000.000 de hombres es algo que hace que los gobernantes y las clases dominantes se detengan y reflexionen. El grito de ese ejército es: «¡Sin cuartel! Queremos todo lo que poseéis. No nos contentaremos con menos que todo lo que poseéis. Queremos tener en nuestras manos las riendas del poder y el destino de la humanidad. Aquí están nuestras manos. Son manos fuertes. Vamos a arrebataros vuestros gobiernos, vuestros palacios y toda vuestra comodidad imperial, y ese día trabajaréis por vuestro pan como el campesino en el campo o como el funcionario raquítico y hambriento de vuestras metrópolis. Aquí están nuestras manos. Son manos fuertes».

Con razón pueden los gobernantes y las clases dominantes detenerse y reflexionar. Esto es revolución. Y, además, esos 7.000.000 de hombres no son un ejército sobre el papel. Su fuerza combativa en el terreno es de 7.000.000. Hoy emiten 7.000.000 de votos en los países civilizados del mundo. Ayer no eran tan fuertes. Mañana serán aún más fuertes. Y son luchadores. Aman la paz. No les asusta la guerra. No pretenden menos que destruir la sociedad capitalista vigente y apoderarse de todo el mundo. Si la ley del país lo permite, luchan por ese fin pacíficamente, en las urnas. Si la ley del país no lo permite, y si se les aplica la fuerza, recurren ellos mismos a la fuerza. Responden a la violencia con violencia. Sus manos son fuertes y no tienen miedo.

En Rusia, por ejemplo, no existe el sufragio. El gobierno ejecuta a los revolucionarios. Los revolucionarios matan a los oficiales del gobierno. Los revolucionarios responden al asesinato legal con el asesinato.

Ahora surge una fase particularmente significativa que sería conveniente que los gobernantes consideraran. Permítanme concretarlo. Soy revolucionario. Sin embargo, soy un individuo bastante cuerdo y normal. Hablo, y pienso, en esos asesinos en Rusia como «mis camaradas». Lo mismo hacen todos los camaradas en América, y los

7.000.000 de camaradas en el mundo. ¿De qué serviría un movimiento revolucionario organizado e internacional si nuestros camaradas no contaran con respaldo en todo el mundo? El valor queda demostrado por el hecho de que respaldamos los asesinatos cometidos por nuestros camaradas en Rusia. No son discípulos de Tolstói, ni nosotros lo somos. Somos revolucionarios.

Nuestros camaradas en Rusia han formado lo que llaman la Organización de Combate. Esta Organización de Combate acusó, juzgó, declaró culpable y condenó a muerte a un tal Sipiaguin, ministro del Interior. El 2 de abril fue fusilado en el Palacio Mariinski. Dos años más tarde, la Organización de Combate condenó a muerte y ejecutó a otro ministro del Interior, Von Plehve. Habiendo hecho esto, emitió un documento, fechado el 29 de julio de 1904, en el que exponía los cargos de su acusación contra Von Plehve y asumía la responsabilidad del asesinato. Ahora, yendo al grano, este documento fue enviado a los socialistas del mundo, y ellos lo publicaron en todas partes en revistas y periódicos. Lo importante no es que los socialistas del mundo no tuvieran miedo de hacerlo, ni que se atrevieran a hacerlo, sino que lo hicieron como rutina, dando a conocer lo que puede considerarse un documento oficial del movimiento revolucionario internacional.

Estos son puntos destacados de la revolución, concedido, pero también son hechos. Y se los presentan a los gobernantes y a las clases dominantes, no como fanfarronada, ni para asustarlos, sino para que reflexionen más profundamente sobre el espíritu y la naturaleza de esta revolución mundial. Ha llegado el momento de la revolución. Ha echado raíces en todos los países civilizados del mundo. Tan pronto como un país se civiliza, la revolución se aferra a él. Con la introducción de la máquina en Japón, se introdujo el socialismo. El socialismo marchó en Filipinas hombro con hombro con los soldados estadounidenses. Los ecos del último disparo apenas habían desaparecido cuando se estaban formando secciones socialistas locales en Cuba y Puerto Rico.

Aún más significativo es el hecho de que, de todos los países sobre los que la revolución ha echado raíces, en ninguno ha aflojado su agarre. Al contrario, en cada país su dominio se afianza año tras año. Como movimiento activo comenzó de manera casi inadvertida hace más de una generación. En 1867, su fuerza de voto en el mundo era de 30.000. Para 1871, su voto había aumentado a 1.000.000[34]. No fue hasta 1884 que superó el medio millón. Para 1889 había superado el millón y entonces comenzó a ganar impulso. En 1892, el voto socialista mundial era de 1.798.391; en 1893, 2.585.898; en 1895, 3.033.718; en 1898, 4.515.591; en 1902, 5.253.054; en 1903, 6.285.374; y, en el año de Nuestro Señor 1905, superó la marca de los siete millones.

Esta llama de revolución tampoco ha dejado intactos los Estados Unidos. En 1888 hubo solo 2.068 votos socialistas. En 1902 hubo 127.713 votos socialistas. Y en 1904 se emitieron 435.040 votos socialistas. ¿Qué avivó esta llama? No fueron las dificultades económicas. Los primeros cuatro años del siglo XX fueron considerados años prósperos, y sin embargo, en ese tiempo más de 300.000 hombres se unieron a las filas de los revolucionarios, lanzando su desafío a la sociedad burguesa y tomando posición bajo la bandera rojo sangre. En el Es-

---

34. Los partidos socialistas o afines en 1871 estaban en sus inicios. El Partido Socialdemócrata Obrero de Alemania (SDAP) registró unos 41.000 votos ese año, y en Francia y Suiza el socialismo apenas sumaba unas decenas de miles más. Por ello, y atendiendo al contexto, cabe suponer que este dato sea un error tipográfico o de impresión.

tado del que esto escribe, California, uno de cada doce hombres es un revolucionario declarado y registrado.

Hay algo que debe entenderse claramente. Esto no es un levantamiento espontáneo y difuso de una gran masa de personas descontentas y pobres, un repliegue ciego e instintivo ante el daño. Al contrario, la propaganda es intelectual; el movimiento se basa en la necesidad económica y está en línea con la evolución social; mientras tanto, las personas que viven en la miseria aún no se han rebelado. El revolucionario no es un esclavo hambriento y enfermo en los mataderos del fondo del pozo social, sino que, en su mayoría, es un trabajador sano y bien alimentado, que ve los mataderos que le esperan a él y a sus hijos y retrocede ante la caída. Las personas realmente miserables están demasiado indefensas para ayudarse a sí mismas. Pero las están ayudando, y no falta mucho para que sus números vayan a engrosar las filas de los revolucionarios.

Otra cosa debe entenderse claramente. A pesar de que hombres de clase media y profesionales estén interesados en el movimiento, sigue siendo, no obstante, una revuelta claramente de la clase trabajadora. En todo el mundo, es una revuelta de la clase trabajadora. Los trabajadores del mundo, como clase, están luchando contra los capitalistas del mundo, como clase.

La llamada gran clase media es una anomalía creciente en la lucha social. Es una clase en extinción —a pesar de lo que digan los astutos estadistas—, y su misión histórica de actuar como amortiguador entre la clase capitalista y la clase trabajadora está prácticamente cumplida. Poco le queda más que lamentarse mientras pasa al olvido, como ya ha empezado a hacerlo con tonos populistas y jeffersoniano-democráticos. La lucha está en marcha. La revolución está aquí y ahora, y son los trabajadores del mundo los que están en rebelión.

Naturalmente surge la pregunta: ¿por qué es así? Ningún mero capricho del espíritu puede dar lugar a una revolución mundial. El capricho no conduce a la unanimidad. Debe existir una causa profundamente arraigada que haga que 7.000.000 de hombres piensen de la misma manera, que los lleve a desprenderse de la lealtad a los dioses burgueses y a perder la fe en algo tan noble como el patriotismo. Hay muchos cargos en la acusación que los revolucionarios presentan contra la clase capitalista, pero de momento solo es necesario enunciar uno, y es un cargo al que el capital nunca ha respondido y nunca podrá responder.

La clase capitalista ha gestionado la sociedad, y su gestión ha fracasado. Y no solo ha fracasado en su gestión, sino que ha fracasado deplorable, vil, horriblemente. La clase capitalista tuvo una oportunidad que no se concedió a ninguna otra clase dominante en la historia del mundo. Se liberó del dominio de la antigua aristocracia feudal y creó la sociedad moderna. Dominó la materia, organizó la maquinaria de la vida y hizo posible una era maravillosa para la humanidad, en la que ninguna criatura tendría que llorar por no tener suficiente comida, y en la que por cada niño habría una oportunidad para la educación, para el crecimiento intelectual y espiritual. Con la materia dominada y la maquinaria de la vida organizada, todo esto era posible. Aquí estaba la posibilidad, dada por Dios, y la clase capitalista fracasó. Fue ciega y codiciosa. Divagó sobre bonitos ideales y pulcras moralidades, no se frotó los ojos ni un solo momento, ni cedió un ápice en su codicia, y se desplomó en un fracaso tan tremendo como la oportunidad que había ignorado.

Pero todo esto es como una telaraña para la mente burguesa. Así como estuvo ciega en el pasado, está ciega ahora y no puede ver ni comprender. Bien, entonces, que la acusación se formule más claramente, en términos precisos e inequívocos. En primer lugar, consideremos al hombre de las cavernas. Era una criatura muy simple. Su frente estaba inclinaba hacia atrás como la de un orangután, y tenía apenas un poco más de inteligencia. Vivía en un entorno hostil, presa de toda clase de seres feroces. No tenía inventos ni artificios. Su eficiencia natural para obtener alimento era, digamos, 1. Ni siquiera cultivaba la tierra. Con su eficiencia natural de 1, se defendía de sus enemigos carnívoros y conseguía alimento y refugio. Debió hacer todo esto, de lo contrario no se habría multiplicado y extendido por la tierra, enviando su descendencia de generación en generación hasta llegar incluso a ti y a mí.

El hombre de las cavernas, con su eficiencia natural de 1, conseguía suficiente comida la mayor parte del tiempo, y ningún cavernícola pasó hambre permanentemente. Además, llevaba una vida sana al aire libre, descansaba y se entretenía, y encontraba mucho tiempo para ejercitar su imaginación e inventar dioses. Es decir, no tenía que trabajar todos sus momentos de vigilia solo para conseguir suficiente alimento. El hijo del cavernícola —y esto es cierto de los hijos de todos los pueblos salvajes— tuvo una infancia, y por eso se entiende una infancia feliz, de juego y desarrollo.

Y ahora, ¿cómo le va al hombre moderno? Consideremos los Estados Unidos, el país más próspero y más ilustrado del mundo. En los Estados Unidos hay 10.000.000 de personas que viven en la pobreza. Por pobreza se entiende aquella condición en la que, por falta de alimento y vivienda adecuada, no se puede mantener ni siquiera el estándar mínimo de eficiencia laboral. En los Estados Unidos hay 10.000.000 de personas que no tienen suficiente para comer. En los Estados Unidos, porque no tienen suficiente para comer, hay 10.000.000 de personas que no pueden mantener la medida ordinaria de fuerza en sus cuerpos. Esto significa que estas 10.000.000 de personas están pereciendo, muriendo, en cuerpo y alma, lentamente, porque no tienen suficiente para comer.

Por toda esta vasta, próspera e ilustre tierra hay hombres, mujeres y niños que viven miserablemente. En todas las grandes ciudades, donde están segregados en barrios marginales por cientos de miles y millones, su miseria se vuelve bestialidad. Ningún hombre de las cavernas padeció jamás hambre tan crónica como la que ellos padecen, ni durmió en condiciones tan miserables como las suyas, ni se pudrió jamás entre tanta suciedad y enfermedad como ellos se pudren, ni trabajó tan duro y durante tantas horas como ellos trabajan.

En Chicago hay una mujer que trabajaba sesenta horas a la semana. Era obrera de la confección. Cosía botones en la ropa. Entre las trabajadoras italianas de la confección en Chicago, el salario semanal promedio de las modistas es de 90 centavos, pero trabajan todas las semanas del año. El salario semanal promedio de las rematadoras de pantalones es de 1,31 dólares, y el número promedio de semanas trabajadas al año es de 27,85. El ingreso anual promedio de las modistas es de 37 dólares; el de las rematadoras, de 42,41 dólares. Salarios así significan que no hay infancia para los niños, una vida cruel y hambre para todos.

A diferencia del hombre de las cavernas, el hombre moderno no puede obtener alimento y refugio cuando le apetece trabajar por ello. Primero debe encontrar el trabajo, y en esto a menudo no tiene éxito. Entonces la miseria se vuelve acuciante. Esta miseria acuciante se documenta diariamente en los periódicos. Citemos algunos de los innumerables casos.

En la ciudad de Nueva York vivía una mujer, Mary Mead. Tenía tres hijos: Mary, de un año; Johanna, de dos años; Alice, de cuatro años. Su esposo no podía encontrar trabajo. Pasaban hambre. Fueron desalojados de su vivienda en el 160 de Steuben Street. Mary Mead estranguló a su bebé Mary, de un año; estranguló a Alice, de cuatro años; no logró estrangular a Johanna, de dos años, y luego se envenenó ella misma. Dijo el padre a la policía: «La pobreza constante había enloquecido a mi esposa. Vivíamos en el número 160 de Steuben Street hasta hace una semana, cuando fuimos desalojados. No podía conseguir trabajo. Ni siquiera podía ganar lo suficiente para poner comida en nuestra boca. Los bebés enfermaron y se debilitaron. Mi esposa lloraba casi todo el tiempo».

> «El Departamento de Beneficencia está tan abrumado con decenas de miles de solicitudes de hombres sin trabajo que se ve incapaz de hacer frente a la situación».
>
> *New York Commercial*, 11 de enero de 1905.

En un periódico diario, debido a que no puede conseguir trabajo para tener algo que comer, un hombre moderno anuncia lo siguiente:

> «Joven, bien educado, incapaz de obtener empleo, venderá a médico y bacteriólogo, con fines experimentales, todos los derechos sobre su cuerpo. Dirección para precio: casilla 3466, *Examiner*».

> «Frank A. Mallin se presentó en la comisaría central el miércoles por la noche y pidió ser detenido bajo el cargo de vagabundeo. Dijo que había estado buscando trabajo sin éxito durante tanto tiempo

que estaba seguro de que debía ser un vagabundo. En cualquier caso, tenía tanta hambre que debía ser alimentado. El juez de policía Graham lo condenó a noventa días de prisión».

San Francisco Examiner

En una habitación del Soto House, 32 de Forth Street, San Francisco, fue hallado el cuerpo de W. G. Robbins. Había abierto el gas. También se encontró su diario, del que se extraen los siguientes pasajes:

«3 de marzo.— No hay posibilidad de conseguir nada aquí. ¿Qué haré?

»7 de marzo.— Todavía no puedo encontrar nada.

»8 de marzo.— Estoy viviendo a base de rosquillas a cinco centavos por día.

»9 de marzo.— Mi último cuarto de dólar gastado en el alquiler de la habitación.

»10 de marzo.— Dios me ayude. Solo me quedan cinco centavos. No puedo conseguir nada que hacer. ¿Qué sigue? ¿Hambre o...? He gastado mi último níquel esta noche. ¿Qué haré? ¿Será robar, mendigar o morir? En mis cincuenta años de vida nunca he robado, mendigado ni pasado hambre, pero ahora estoy al borde... la muerte parece el único refugio.

»11 de marzo.— Enfermo todo el día, fiebre ardiente esta tarde. No he comido nada hoy ni desde ayer al mediodía. Mi cabeza, mi cabeza. Adiós a todos».

¿Cómo le va al hijo del hombre moderno en esta tierra tan próspera? En la ciudad de Nueva York, 50.000 niños van hambrientos a la escuela cada mañana. Desde la misma ciudad, el 12 de enero se difundió por todo el país un despacho de prensa sobre un caso reportado por el doctor A. E. Daniel, de la Enfermería de Nueva York para Mujeres y Niños. El caso era el de un bebé de dieciocho meses, que ganaba con su trabajo cincuenta centavos por semana en un taller clandestino en una vivienda precaria.

> «Sobre un montón de harapos, en una habitación desnuda de muebles y helada, fue hallada esta mañana en el 513 de Myrtle Avenue, Brooklyn, la señora Mary Gallin, muerta de hambre, con un bebé desnutrido de cuatro meses llorando en su pecho, por el policía McConnon, de la comisaría de Flushing Avenue. Acurrucados para darse calor, en otra parte de la habitación, se encontraban el padre, James Gallin y tres niños de entre dos y ocho años. Los niños miraban al policía como podrían hacerlo animales hambrientos. Estaban famélicos, y no había ni un vestigio de comida en su hogar desolado».
>
> *New York Journal*, 2 de enero de 1902.

En Estados Unidos, 80.000 niños consumen sus vidas trabajando en las fábricas textiles. En el sur trabajan turnos de doce horas. Nunca ven la luz del día. Los que están en el turno nocturno duermen cuando el sol derrama su vida y calor sobre el mundo, mientras que los del turno diurno están en las máquinas antes del amanecer y regresan a sus miserables refugios, llamados *hogares*, después del anochecer. Muchos reciben no más de diez centavos al día. Hay bebés que trabajan por cinco o seis centavos al día. A los que trabajan en el turno nocturno a menudo los mantienen despiertos echándoles agua fría en la cara. Hay niños de seis años que ya tienen en su haber once meses de trabajo en el turno nocturno. Cuando enferman y no pueden levantarse de la cama para ir a trabajar, hay hombres contratados para ir de casa en casa a caballo y convencerlos o forzarlos a levantarse y trabajar. El diez por ciento de ellos contrae tuberculosis activa. Todos son despojos débiles, deformes y atrofiados, en mente y cuerpo.

Elbert Hubbard[35] dice sobre los niños trabajadores de las fábricas de algodón del sur:

> «Pensé en levantar a uno de los pequeños trabajadores para averiguar su peso. De inmediato, un temblor de miedo recorrió sus treinta y cinco libras de piel y huesos, y se inclinó hacia adelante para atar un hilo roto. Llamé su atención con un toque y le ofrecí una moneda de diez centavos de plata. Me miró mudo, desde un rostro que podría haber pertenecido a un hombre de sesenta años, tan surcado, tenso y lleno de dolor estaba. No intentó alcanzar la moneda, no sabía lo que era. Había docenas de niños así en esa fábrica en particular. Un médico que estaba conmigo dijo que probablemente todos morirían en dos años, y sus lugares serían ocupados por otros; había muchos más. La neumonía se lleva a la mayoría de ellos. Sus cuerpos están listos para la enfermedad, y cuando llega no hay recuperación, ninguna respuesta. La medicina simplemente no actúa, su naturaleza está vencida, golpeada, desanimada, y el niño cae en estupor y muere».

Así le va al hombre moderno y al hijo del hombre mo-

35. Elbert Hubbard fue un escritor, editor y artesano estadounidense (1856-1915), ligado al movimiento *Arts and Crafts*. Fundó la comunidad artística de Roycroft, en East Aurora (Nueva York), que funcionó como taller, imprenta y espacio de producción artesanal con una filosofía cercana al socialismo utópico y al individualismo creativo.

derno en Estados Unidos, el país más próspero e ilustrado de todos los de la tierra. Debe recordarse que los casos presentados son solo ejemplos, pero podrían multiplicarse por millares. También debe recordarse que lo que es cierto de Estados Unidos es cierto de todo el mundo civilizado. Tal miseria no era propia del hombre de las cavernas. Entonces, ¿qué ha sucedido? ¿Ha aumentado la hostilidad del entorno del hombre de las cavernas para sus descendientes? ¿Ha disminuido la eficiencia natural de 1 para conseguir alimento y refugio del hombre de las cavernas a la mitad o a un cuarto en el caso del hombre moderno?

Al contrario, el entorno hostil del hombre de las cavernas ha sido destruido. Para el hombre moderno ya no existe. Todos los enemigos carnívoros, la amenaza diaria del mundo más joven, han sido eliminados. Muchas especies de presas se han extinguido. Aquí y allá, en zonas apartadas del mundo, aún permanecen algunos de los enemigos más feroces del hombre. Pero están lejos de ser una amenaza para la humanidad. El hombre moderno, cuando busca recreación y cambio, va a las zonas apartadas del mundo para cazar. Además, en sus ratos de ocio, se lamenta con pesar por el fin de la *caza mayor*, que sabe que en un futuro no muy lejano desaparecerá de la faz de la tierra.

Tampoco desde la época del hombre de las cavernas ha disminuido la eficiencia del hombre para obtener alimento y refugio. Ha aumentado mil veces. Desde la época del hombre de las cavernas, la materia ha sido dominada. Se han descubierto los secretos de la materia. Se han formulado sus leyes. Se han creado artificios maravillosos e inventos asombrosos, todos tendentes a aumentar enormemente la eficiencia natural del hombre en cada esfuerzo por obtener alimento y refugio, en la agricultura, la minería, la fabricación, el transporte y la comunicación.

Desde el hombre de las cavernas hasta los trabajadores manuales de hace tres generaciones, el aumento en la eficiencia para obtener alimento y refugio ha sido muy grande. Pero en la actualidad, gracias a la maquinaria, la eficiencia del trabajador manual de hace tres generaciones ha aumentado a su vez muchas veces. Antes se requerían 200 horas de trabajo humano para colocar 100 toneladas de mineral en un vagón de ferrocarril. Hoy, con la ayuda de la maquinaria, solo se requieren dos horas de trabajo humano para realizar la misma tarea.

La Oficina de Trabajo de Estados Unidos es responsable de la siguiente tabla, que muestra el aumento relativamente reciente en la eficiencia del hombre para obtener alimento y refugio:

Tarea / Producto	**Horas de máquina**	**Horas manuales**
Cebada (100 fanegas)	9	211
Maíz (50 fanegas desgranadas, tallos, hojas y cáscaras cortados en forraje)	34	228
Avena (160 fanegas)	28	265
Trigo (50 fanegas)	7	160
Carga de mineral (cargar 100 toneladas de mineral de hierro en vagones)	2	200
Descarga de carbón (trasladar 200 toneladas desde barcazas del canal hasta tolvas a 400 pies de distancia)	20	240
Horcas (50 horcas, púas de 12 pulgadas)	12	200
Arado (un arado de suelo, con vigas y mangos de roble)	3	118

Según la misma autoridad, bajo las mejores condiciones de organización en la agricultura, el trabajo puede producir 20 fanegas de trigo por 66 centavos, o 1 fanega por 3,5 centavos. Esto se logró en una gran explotación agrícola de 10.000 acres en California, y fue el costo promedio de toda la producción de la finca. El señor Carroll D. Wright afirma que hoy 4.500.000 hombres, con la ayuda de maquinaria, producen un volumen de producto que requeriría el trabajo de 40.000.000 de hombres si se produjera a mano. El profesor Herzog, de Austria, dice que 5.000.000 de personas con la maquinaria actual, empleadas en labores socialmente útiles, podrían abastecer a una población de 20.000.000 de personas con todas las necesidades y pequeños lujos de la vida trabajando 1,5 horas al día.

Siendo así, la materia dominada, la eficiencia del hombre para obtener alimento y refugio aumentada mil veces respecto a la del hombre de las cavernas, ¿por qué millones de hombres modernos viven más miserablemente que el hombre de las cavernas? Esta es la pregunta que hace el revolucionario, y la dirige a la clase que administra, la clase capitalista. La clase capitalista no la responde. La clase capitalista no puede responderla.

Si la eficiencia del hombre moderno para obtener alimento y refugio es mil veces mayor que la del hombre de las cavernas, ¿por qué hoy en los Estados Unidos hay 10.000.000 de personas que no están adecuadamente alimentadas ni adecuadamente protegidas? Si el hijo del hombre de las cavernas no tenía que trabajar, ¿por qué hoy, en los Estados Unidos, 80.000 niños trabajan toda su vida solo en las fábricas textiles? Si el hijo del hombre de las cavernas no tenía que trabajar, ¿por qué hoy, en los Estados Unidos, hay 1.752.187 niños trabajadores?

Es un hecho verdadero en la acusación. La clase capitalista ha gestionado mal y hoy sigue gestionando mal. En la ciudad de Nueva York, 50.000 niños van hambrientos a la escuela, y en la misma ciudad hay 1.320 millonarios. Sin embargo, el punto no es que la masa de la humanidad sea miserable debido a la riqueza que la clase capitalista se ha apropiado. Lejos de eso. La verdadera cuestión es que la masa de la humanidad es miserable, no por la falta de la riqueza tomada por la clase capitalista, sino por la falta de la riqueza que nunca se creó. Esta riqueza nunca se creó porque la clase capitalista gestionó de manera demasiado derrochadora e irracional. La clase capitalista, ciega y codiciosa, ávida de manera desenfrenada, no solo no ha aprovechado al máximo su gestión, sino que ha hecho lo peor posible de ella. Es una gestión extraordinariamente derrochadora. Este punto no puede enfatizarse lo suficiente.

Frente al hecho de que el hombre moderno vive más miserablemente que el hombre de las cavernas, y que la eficiencia del hombre moderno para obtener alimento y refugio es mil veces mayor que la del hombre de las cavernas, no hay otra solución posible que reconocer que la gestión es extraordinariamente derrochadora.

Con los recursos naturales del mundo, la maquinaria ya inventada, una organización racional de la producción y distribución, y una eliminación igualmente racional del despilfarro, los trabajadores aptos no tendrían que trabajar más de dos o tres horas al día para alimentar a todos, vestir a todos, darles vivienda, educarlos y ofrecerles una justa medida de pequeños lujos a todos. No habría más carencias materiales ni miseria, no habría más niños trabajando toda su vida, ni hombres, mujeres y bebés viviendo como bestias y muriendo como bestias. No solo se dominaría la materia, sino también la máquina.

En tal situación, el incentivo sería más digno y noble que el incentivo actual, que es el incentivo del estómago. Ningún hombre, mujer o niño sería impulsado a la acción por un estómago vacío. Al contrario, serían impulsados a la acción como un niño en un concurso de ortografía, como los chicos y chicas en los juegos, como los científicos formulando leyes, como los inventores aplicando estas leyes, como los artistas y escultores pintando lienzos y moldeando barro, como los poetas y estadistas sirviendo a la humanidad mediante el canto y la política. La elevación espiritual, intelectual y artística que resultaría de una condición social semejante sería inmensa. Toda la humanidad se alzaría en una poderosa ola.

Esta fue la oportunidad concedida a la clase capitalista. Menos ceguera de su parte, menos codicia y una gestión racional, era todo lo que se necesitaba. Una era maravillosa era posible para la raza humana. Pero la clase capitalista fracasó. Hizo un desastre de la civilización. La clase capitalista no puede declararse inocente. Sabía de la oportunidad. Sus hombres sabios le hablaron de la oportunidad, sus eruditos y científicos le hablaron de la oportunidad. Todo lo que dijeron está hoy en los libros, como pruebas contundentes en su contra. No quiso escuchar. Era demasiado codiciosa. Se puso en pie —como se pone en pie hoy—, sin vergüenza, en nuestras cámaras legislativas, y declaró que las ganancias eran imposibles sin el trabajo de niños y bebés. Adormeció su conciencia con charlas sobre ideales complacientes y pulcras moralidades, y permitió que el sufrimiento y la miseria de la humanidad continuaran y aumentaran; en resumen, la clase capitalista no aprovechó la oportunidad.

Pero la oportunidad sigue aquí. La clase capitalista ha sido puesta a prueba y se ha mostrado incapaz. Queda la clase trabajadora para ver qué puede hacer con esa oportunidad. «Pero la clase trabajadora es incapaz», dice la clase capitalista. «¿Qué sabéis vosotros de eso?», responde la clase trabajadora. «Que vosotros hayáis fracasado no significa que nosotros fracasemos. Además, vamos a intentarlo de todas formas. Siete millones de nosotros lo decimos. ¿Y qué tenéis que responder a eso?».

¿Y qué puede decir la clase capitalista? Concedamos la incapacidad de la clase trabajadora. Concedamos que la acusación y el argumento de los revolucionarios son totalmente incorrectos. Los 7.000.000 de revolucionarios permanecen. Su existencia es un hecho. Su creencia en su capacidad, y en su acusación y su argumento, es un hecho. Su crecimiento constante es un hecho. Su intención de destruir la sociedad actual es un hecho, así como también su intención de tomar posesión del mundo con toda su riqueza, maquinaria y gobiernos. Además, es un hecho que la clase trabajadora es muchísimo más numerosa que la clase capitalista.

La revolución es una revolución de la clase trabajadora. ¿Cómo puede la clase capitalista, en minoría, frenar esta marea de revolución? ¿Qué tiene para ofrecer? ¿Qué ofrece? Patronales, medidas cautelares, demandas civiles para saquear la tesorería de los sindicatos, clamores y conspiraciones por el taller libre[36], oposición amarga y descarada a la jornada de ocho horas, grandes esfuerzos para derrotar toda reforma, leyes sobre trabajo infantil, corrupción en todos los consejos municipales, *lobbies* poderosos y sobornos en cada legislatura para la compra de legislación capitalista, bayonetas, ametralladoras, garrotes de policías, esquiroles profesionales y Pinkertons[37] armados: estas son

36. El término *open shop* se refiere a talleres, fábricas o empresas donde no se exigía la afiliación sindical para ser contratado o mantener el empleo. Era una herramienta de las empresas y patrones para debilitar la acción sindical y la negociación colectiva.

37. Miembros de la *Pinkerton National Detective Agency*, una agencia privada de detectives y seguridad fundada en 1850 por Allan Pinkerton. A finales del siglo XIX y principios del XX se convirtieron en una fuerza

las cosas que la clase capitalista arroja frente a la marea de la revolución, como si, en verdad, pudiera detenerla.

La clase capitalista está tan ciega hoy ante la amenaza de la revolución como estuvo ciega en el pasado ante su propia oportunidad dada por Dios. No puede ver lo precaria que es su posición, no puede comprender el poder ni el presagio de la revolución. Continúa su camino plácido, parloteando sobre ideales complacientes y apreciadas moralidades, mientras rebusca sórdidamente los beneficios materiales.

Ningún gobernante o clase derrocada en el pasado tuvo en cuenta a la revolución que lo destronó, y lo mismo sucede con la clase capitalista de hoy. En lugar de comprometerse, en lugar de alargar su tiempo de vida mediante la conciliación y la eliminación de algunas de las opresiones más duras de la clase trabajadora, antagoniza a la clase trabajadora, la impulsa a la revolución. Cada huelga frustrada en los últimos años, cada tesorería sindical saqueada legalmente, cada taller cerrado convertido en taller abierto, ha llevado a los miembros de la clase trabajadora directamente afectados hacia el socialismo, de cientos en cientos y de miles en miles.

Muestren a un trabajador que su sindicato fracasa y se vuelve revolucionario. Rompan una huelga con una medida cautelar o arruinen un sindicato con una demanda civil, y los obreros perjudicados por ello escuchan el canto de sirena del socialista y se pierden para siempre para los partidos políticos capitalistas.

El antagonismo nunca apaciguó a la revolución y el antagonismo es casi todo lo que la clase capitalista ofrece. Es cierto que propone algunas nociones anticuadas que

---

armada al servicio de los empresarios, contratada para reprimir huelgas, romper piquetes y espiar a trabajadores y líderes sindicales.

fueron muy eficaces en el pasado, pero que ya no lo son. La libertad del 4 de julio, en los términos de la Declaración de Independencia y de los enciclopedistas franceses, apenas resulta pertinente hoy. No atrae al trabajador a quien le han partido la cabeza con la porra de un policía, al que vio cómo un fallo judicial dejó la tesorería del sindicato en bancarrota, o al que le quitaron el trabajo por un invento que ahorra mano de obra. Tampoco la Constitución de los Estados Unidos le parece tan gloriosa y constitucional al obrero que ha pasado por un corral de detención[38] o que fue deportado inconstitucionalmente de Colorado. Ni se alivian los sentimientos heridos de este obrero en particular cuando lee en los periódicos que tanto el corral como la deportación fueron eminentemente justos, legales y constitucionales. «¡Al diablo, entonces, con la Constitución!», dice él, y otro revolucionario ha sido creado por la clase capitalista.

En resumen, la clase capitalista está tan ciega que no hace nada para alargar su tiempo de vida, mientras hace todo lo posible para acortarla. La clase capitalista no ofrece nada que sea limpio, noble y esté vivo. Los revolucionarios ofrecen todo lo que es limpio, noble y está vivo. Ofrecen servicio, desinterés, sacrificio, martirio; las cosas que despiertan la imaginación de la gente, tocando sus corazones con el fervor que surge del impulso hacia el bien y que es esencialmente de naturaleza religiosa.

Pero los revolucionarios sorben y soplan según convenga. Ofrecen hechos y estadísticas, economía y argumentos científicos. Si el obrero es meramente egoísta, los revolucionarios le muestran, y se lo demuestran matemáticamente, que su situación mejorará con la revolución.

---

38. Los *bull-pens* eran lugares improvisados donde la policía o las empresas detenían a trabajadores huelguistas, muchas veces sin cargos legales claros.

Si el obrero es del tipo superior, movido por impulsos hacia la conducta correcta, si tiene alma y espíritu, los revolucionarios le ofrecen las cosas del alma y del espíritu, las enormes cosas que no pueden medirse en dólares y centavos, ni reprimirse por dólares y centavos. El revolucionario clama contra la injusticia y el agravio, y predica la rectitud. Y, lo más potente de todo, canta la canción eterna de la libertad humana; una canción de todas las tierras, todas las lenguas y todos los tiempos.

Pocos miembros de la clase capitalista perciben la revolución. La mayoría son demasiado ignorantes, y muchos demasiado temerosos para verla. Es la misma vieja historia de toda clase dominante que perece en la historia del mundo. Gordos de poder y posesión, embriagados por el éxito, y ablandados por la abundancia y por la falta de lucha, son como los zánganos apiñados alrededor de los cubos de miel cuando las obreras se lanzan sobre ellos para poner fin a su existencia oronda.

El presidente Roosevelt percibe vagamente la revolución, le asusta y evita verla. Como él dice: «Sobre todo, necesitamos recordar que cualquier tipo de hostilidad de clase en el mundo político es, si cabe, aún más perversa, aún más destructiva para el bienestar nacional, que la hostilidad sectorial, racial o religiosa».

La hostilidad de clase en el mundo político, sostiene el presidente Roosevelt, es perversa. Pero la hostilidad de clases en el mundo político es justamente lo que predican los revolucionarios. «Que continúen las guerras de clases en el mundo industrial, dicen ellos, pero extiendan la guerra de clases al mundo político». Como dice su líder, Eugene V. Debs: «En cuanto a esta lucha se refiere, no hay capitalista bueno ni trabajador malo. Todo capitalista es tu enemigo y todo trabajador es tu amigo».

Aquí está la hostilidad de clases en el mundo político

con toda su fuerza. Y aquí está la revolución. En 1888 había solo 2.000 revolucionarios de este tipo en los Estados Unidos; en 1900 eran 127.000; en 1904, 435.000. La perversidad, según la definición del presidente Roosevelt, evidentemente, florece y aumenta en Estados Unidos. Muy cierto, porque es la revolución la que florece y aumenta.

De vez en cuando, algún miembro de la clase capitalista vislumbra claramente la revolución y lanza un grito de advertencia. Pero su clase no le hace caso. El presidente Eliot de Harvard lanzó tal grito:

«Me veo obligado a creer que existe un peligro presente del socialismo nunca antes tan inminente en América y en una forma tan peligrosa, porque nunca antes estuvo tan organizado. El peligro radica en que los socialistas tomen el control de los sindicatos».

Y los empleadores capitalistas, en lugar de atender las advertencias, perfeccionan su organización para romper huelgas y se coordinan con más fuerza que nunca para un asalto general sobre lo más preciado de los sindicatos: el taller cerrado. En la medida en que este asalto tenga éxito, tanto acortará la clase capitalista su plazo de vida. Es la vieja, vieja historia, una y otra vez. Los zánganos borrachos aún se agrupan codiciosamente alrededor de los panales.

Posiblemente uno de los espectáculos más divertidos de hoy es la actitud de la prensa americana ante la revolución. También es un espectáculo patético. Obliga al observador a tomar conciencia de una evidente pérdida de orgullo en su especie. Las declaraciones dogmáticas desde la boca de la ignorancia pueden hacer reír a los dioses, pero deberían hacer llorar a los hombres. ¡Y los editores americanos —en términos generales— son tan impresionantes al respecto! Las viejas proposiciones de «divide y vencerás» y «los hombres no nacen libres e iguales» se enuncian con gravedad y sabiduría, como si fueran algo candente y nuevo salido de la fragua de la sabiduría humana. Sus débiles divagaciones no muestran más que la comprensión de un escolar acerca de la naturaleza de la revolución. Parásitos ellos mismos de la clase capitalista, sirviendo a la clase capitalista al moldear la opinión pública, también se agrupan ebrios alrededor de los panales.

Por supuesto, esto es cierto solo para la gran mayoría de los editores estadounidenses. Decir que es cierto para todos ellos sería arrojar un oprobio demasiado grande sobre la raza humana. Además, sería falso, ya que aquí y allá algún editor ocasional ve claramente, y en su caso, guiado por el incentivo del estómago, suele tener miedo de decir lo que piensa sobre ello. En relación a la ciencia y la sociología de la revolución, el editor promedio está una generación o más por detrás de los hechos. Es intelectualmente perezoso, no acepta hechos hasta que la mayoría los acepta, y se enorgullece de su conservadurismo. Es un optimista nato, propenso a creer que, lo que debería ser, es. El revolucionario abandonó esto hace mucho tiempo, y no cree que, lo que debería ser, sea, sino que, lo que es, es, y que puede no ser en absoluto lo que debería ser.

De vez en cuando, frotándose los ojos con fuerza, un editor vislumbra de repente la revolución y estalla en una locuacidad ingenua, como, por ejemplo, aquel que escribió lo siguiente en el *Chicago Chronicle*: «Los socialistas americanos son revolucionarios. Saben que son revolucionarios. Ya es hora de que los demás aprecien este hecho». Un descubrimiento candente, novedoso, y procedió a gritar desde los tejados que nosotros, ni más ni menos, éramos revolucionarios. ¡Pero si es justamente lo que hemos estado haciendo todos estos años, gritando desde los tejados que somos revolucionarios, y que nos detenga quien pueda!

El tiempo debería haber pasado ya para esa actitud mental: «La revolución es atroz. Señor, no hay revolución». Asimismo debería haber pasado para esa otra actitud familiar: «El socialismo es esclavitud. Señor, nunca será». Ya no se trata de dialéctica, teorías y sueños. No hay duda al respecto. La revolución es un hecho. Está aquí, ahora. Siete millones de revolucionarios, organizados, trabajando día y noche, están predicando la revolución, ese apasionado evangelio, la Hermandad del Hombre. No solo es una propaganda económica y fría, sino que es, en esencia, una propaganda religiosa con el fervor de Pablo y de Cristo. La clase capitalista ha sido acusada. Ha fracasado en su gestión y su dirección le será arrebatada. Siete millones de hombres de la clase trabajadora dicen que van a conseguir que el resto de la clase trabajadora se una a ellos para arrebatarles la administración. La revolución está aquí, ahora. Que la detenga quien pueda.

Río Sacramento. Marzo, 1905.
Toledo Socialist / 18 de marzo, 1905.

Qué significa la vida para mí

Nací en la clase trabajadora. Pronto descubrí el entusiasmo, la ambición y los ideales; y satisfacerlos se convirtió en el problema de mi vida infantil. Mi entorno era crudo, áspero y rudo. No tenía una mirada hacia fuera, sino más bien hacia arriba. Mi lugar en la sociedad estaba en el fondo. Aquí la vida no ofrecía nada más que sordidez y miseria, tanto de la carne como del espíritu; porque aquí la carne y el espíritu estaban igualmente hambrientos y atormentados.

Sobre mí se erigía el colosal edificio de la sociedad, y a mi entender la única salida era hacia arriba. Pronto decidí escalar este edificio. Allá arriba, los hombres vestían ropas negras y camisas almidonadas, y las mujeres se ataviaban con hermosos vestidos. Además, había cosas buenas para comer, y había mucho para comer. Esto en cuanto a la carne. Luego estaban las cosas del espíritu.

Por encima de mí, lo sabía, había generosidad de espíritu, pensamiento claro y noble, vida intelectual intensa. Sabía todo esto porque leía novelas de la *Seaside Library*[39], en las que, con la excepción de los villanos y las aventureras, todos los hombres y mujeres tenían pensamientos hermosos, hablaban una lengua hermosa y realizaban hazañas gloriosas. En resumen, así como aceptaba

39. *The Seaside Library* fue una colección de novelas de bajo coste publicada por George Munro, un editor neoyorquino, a partir de 1877. Formaba parte de una oleada de ediciones populares conocidas como *dime novels* —novelas a 10 centavos— o *railway literature* —literatura de ferrocarril—, pensadas para que la gente leyera durante los viajes o en vacaciones.

la salida del sol, aceptaba que por encima de mí estaba todo lo que era fino y noble y gentil, todo lo que daba decencia y dignidad a la vida, todo lo que hacía que la vida valiera la pena ser vivida y que remuneraba a uno por su fatiga y sufrimiento.

Pero no es particularmente fácil para uno escalar fuera de la clase trabajadora, especialmente si está discapacitado por la posesión de ideales e ilusiones. Vivía en un rancho en California, y me costó mucho encontrar la escalera por la cual subir. Desde muy temprano me interesé por la tasa de interés del dinero invertido, y dediqué mi cerebro infantil a comprender las virtudes y excelencias de esa notable invención del hombre: el interés compuesto. Además, averigüé las tasas de salario actuales para trabajadores de todas las edades y el coste de la vida.

De todos estos datos concluí que si comenzaba inmediatamente y trabajaba y ahorraba hasta los cincuenta años de edad, podría entonces dejar de trabajar y participar en una porción justa de las delicias y bondades que se me abrirían entonces más arriba en la sociedad. Por supuesto, decidí firmemente no casarme, mientras que olvidé por completo considerar ese gran obstáculo en el mundo de la clase trabajadora: la enfermedad.

Pero la vida que había en mí exigía más que una existencia mezquina de ahorrar y escatimar. Además, a los diez años de edad, me convertí en vendedor de periódicos en las calles de una ciudad, y descubrí que mi mirada hacia arriba había cambiado. A mi alrededor todavía existía la misma sordidez y miseria, y por encima de mí seguía estando el mismo paraíso esperando ser ganado; pero la escalera por la cual subir era diferente. Ahora era la escalera de los negocios. ¿Por qué ahorrar mis ganancias e invertir en bonos del Estado, cuando, comprando dos periódicos por cinco centavos, con un giro de la muñeca podía venderlos por diez centavos y duplicar mi capital? La escalera de los negocios era la escalera para mí, y me vi a mí mismo convertido en un príncipe comerciante calvo y exitoso.

¡Ay, las visiones! Cuando tenía dieciséis años ya me había ganado el título de «príncipe». Pero este título me fue dado por una banda de matones y ladrones, por quienes fui llamado «El Príncipe de los Piratas de Ostras». Y en ese momento había subido el primer peldaño de la escalera de los negocios. Era un capitalista. Poseía un barco y un equipo completo de piratería de ostras. Había comenzado a explotar a mis semejantes. Tenía una tripulación formada por un hombre. Como capitán y propietario, me llevaba dos tercios del botín, y le daba a la tripulación un tercio, aunque la tripulación trabajaba tan duro como yo y arriesgaba tanto su vida y libertad.

Este único peldaño fue la altura que subí por la escalera de los negocios. Una noche fui a una incursión con los pescadores chinos. Las cuerdas y las redes valían dólares y centavos. Fue robo, lo admito, pero fue precisamente el espíritu del capitalismo. El capitalista se lleva las posesiones de sus semejantes por medio de un descuento, o de una traición de confianza, o mediante la compra de senadores y jueces del Tribunal Supremo. Yo simplemente era burdo. Esa era la única diferencia. Yo usaba una pistola.

Pero mi tripulación esa noche fue uno de esos ineficientes contra quienes el capitalista acostumbra a despotricar, porque, por cierto, tales ineficientes aumentan los gastos y reducen los dividendos. Mi tripulación hizo ambas cosas. Por descuido prendió fuego a la vela mayor y la destruyó por completo. No hubo dividendos esa noche y los pescadores chinos eran más ricos por las redes y cuerdas que no conseguimos. Estaba en bancarrota, incapaz en ese momento de pagar sesenta y cinco dólares por una vela mayor nueva. Dejé mi bote anclado y me fui en un bote pirata de la bahía a una incursión por el río Sacramento. Mientras estaba en este viaje, otra pandilla de piratas de la bahía asaltó mi bote. Robaron todo, incluso los anclajes; y más tarde, cuando recuperé el casco a la deriva, lo vendí por veinte dólares. Me había resbalado en el único peldaño que había subido, y nunca más intenté la escalera de los negocios.

A partir de entonces fui explotado sin piedad por otros capitalistas. Yo tenía la fuerza física, y ellos sacaban dinero de ella mientras yo apenas me ganaba la vida de manera mediocre. Fui marinero de cubierta, estibador, peón; trabajé en fábricas de conservas, fábricas y lavanderías; corté césped, limpié alfombras y lavé ventanas. Y nunca obtuve el producto completo de mi esfuerzo. Miraba a la hija del dueño de la fábrica de conservas, en su carruaje, y sabía que era mi fuerza física, en parte, lo que ayudaba a arrastrar ese carruaje sobre sus ruedas de goma. Miraba al hijo del dueño de la fábrica yendo a la universidad, y sabía que era mi fuerza física lo que ayudaba, en parte, a pagar el vino y la buena camaradería que disfrutaba.

Pero no me resentía por esto. Todo estaba dentro del juego. Ellos eran los fuertes. Muy bien, yo era fuerte. Me abriría camino a un lugar entre ellos y ganaría dinero con la fuerza física de otros hombres. No temía el trabajo. Amaba el trabajo duro. Me lanzaría y trabajaría más duro que nunca y con el tiempo me convertiría en un pilar de la sociedad.

Y justo entonces, por suerte, encontré un empleador que era de la misma mentalidad. Yo estaba dispuesto a trabajar, y él estaba más que dispuesto a que yo trabajara. Pensé que estaba aprendiendo un oficio. En realidad, había desplazado a dos hombres. Pensé que me estaba convirtiendo en electricista; de hecho, él estaba ganando cincuenta dólares al mes conmigo. Los dos hombres que había desplazado habían recibido cuarenta dólares cada uno por mes; yo estaba haciendo el trabajo de ambos por treinta dólares al mes.

Este empleador me hizo trabajar casi hasta la muerte. Un hombre puede amar las ostras, pero demasiadas ostras lo harán reticente a esa dieta en particular. Y así ocurrió conmigo. Demasiado trabajo me enfermó. No deseaba volver a ver el trabajo. Huí del trabajo. Me convertí en un vagabundo, mendigando de puerta en puerta, vagando por los Estados Unidos y sudando sangre en tugurios y prisiones.

Había nacido en la clase trabajadora, y ahora estaba, a la edad de dieciocho años, por debajo del punto en el que había comenzado. Estaba en el sótano de la sociedad, en las profundidades subterráneas de la miseria de las que no es ni agradable ni apropiado hablar. Estaba en el foso, el abismo, la cloaca humana, el matadero y la casa de los muertos de nuestra civilización. Esta es la parte de la construcción de la sociedad que la sociedad elige ignorar. La falta de espacio me obliga aquí a ignorarla, y solo diré que las cosas que vi allí me dieron un terrible susto.

El miedo me obligó a pensar. Vi las desnudas simplezas de la complicada civilización en la que vivía. La vida era una cuestión de comida y refugio. Para conseguir comida y refugio los hombres vendían cosas. El comerciante vendía zapatos, el político vendía su hombría, y el representante del pueblo, con excepciones, por supuesto, vendía su confianza; mientras que casi todos vendían su honor. Las mujeres, también, ya sea en la calle o en el sagrado vínculo del matrimonio, eran propensas a vender su carne. Todas las cosas eran mercancías, todas las personas compraban y vendían. La única mercancía que el trabajo tenía para vender era la fuerza física. El honor del trabajo no tenía precio en el mercado. El trabajo tenía músculo, y solo músculo, para vender.

Pero había una diferencia, una diferencia vital. Los zapatos y la confianza y el honor tenían una forma de renovarse. Eran existencias imperecederas. El músculo, por otro lado, no se renovaba. A medida que el comerciante de zapatos vendía zapatos continuaba reponiendo su existencia. Pero no había forma de reponer la existencia de músculo del trabajador. Cuanto más vendía de su fuerza física, menos le quedaba. Era su única mercancía, y cada día su reserva disminuía. Al final, si no moría antes, vendía todo y echaba las persianas. Era un músculo en bancarrota, y no le quedaba nada más que bajar al sótano de la sociedad y perecer miserablemente.

Aprendí, además, que el cerebro era igualmente una mercancía. También era diferente del músculo. Un vendedor de cerebro solo estaba en su mejor momento cuando tenía cincuenta o sesenta años, y sus productos alcanzaban precios más altos que nunca. Pero un trabajador estaba agotado o roto a los cuarenta y cinco o cincuenta. Yo había estado en el sótano de la sociedad, y no me gustaba el lugar como vivienda. Las tuberías y los desagües eran insalubres, y el aire era malo para respirar. Si no podía vivir en el piso principal de la sociedad, podría, al menos, intentar el ático. Era cierto, la dieta allí era escasa, pero el aire al menos era puro. Así que resolví no vender más músculo y convertirme en un vendedor de intelecto.

Entonces comenzó una búsqueda frenética de conocimiento. Regresé a California y abrí los libros. Mientras me equipaba así para convertirme en un mercader de intelecto, era inevitable que profundizara en la sociología. Allí encontré, en cierta clase de libros, formulados científicamente, los simples conceptos sociológicos que ya había elaborado por mí mismo. Otras mentes y mentes más grandes, antes de que yo naciera, habían elaborado todo lo que yo había pensado y mucho más. Descubrí que era socialista.

Los socialistas eran revolucionarios, en la medida en que luchaban por derrocar la sociedad del presente, y a partir del material construir la sociedad del futuro. Yo también era socialista y revolucionario. Me uní a los grupos de revolucionarios de la clase trabajadora e intelectuales, y por primera vez entré en la vida intelectual. Aquí encontré intelectos agudos y mentes brillantes; pues aquí conocí a miembros de la clase trabajadora fuertes y de cerebro alerta, y además de manos callosas; predicadores despojados de su vestidura clerical, demasiado liberales en su cristianismo para cualquier congregación de adoradores de Mamón[40]; profesores quebrados en la rueda de la obediencia universitaria a la clase dominante y expulsados porque eran rápidos con el conocimiento que se esforzaban por aplicar a los asuntos de la humanidad.

Aquí encontré, también, fe cálida en lo humano, idealismo ardiente, las bondades de la generosidad, renuncia y martirio, todas las cosas espléndidas e intensas del espíritu. Aquí la vida era limpia, noble y plena. Aquí la vida se rehabilitó, se volvió maravillosa y gloriosa, y me alegré de estar vivo. Estaba en contacto con grandes almas que exaltaban la carne y el espíritu sobre los dólares y los centavos, y para quienes el débil gemido del niño hambriento de los tugurios significaba más que toda la pompa y circunstancia de la expansión comercial y el imperio mundial. A mi alrededor había nobleza de propósito y heroísmo de esfuerzo, y mis días y noches estaban

---

40. Término bíblico que aparece en el Nuevo Testamento: «No podéis servir a Dios y a Mamón». En este contexto, *Mammon* se refiere a la riqueza o las posesiones materiales personificadas como un ídolo.

iluminados por el sol y las estrellas, todo pasión y ternura, y ante mis ojos, siempre ardiendo y resplandeciendo, el Santo Grial, el propio Grial de Cristo, el ser humano bondadoso, paciente en su sufrimiento y maltratado, que finalmente será rescatado y salvado.

Y yo, pobre tonto yo, consideraba que todo esto era un mero anticipo de las delicias de la vida que encontraría más arriba en la sociedad. Había perdido muchas ilusiones desde el día en que leí las novelas de la *Seaside Library* en el rancho de California. Estaba destinado a perder muchas de las ilusiones que aún conservaba.

Como comerciante de intelecto fui un éxito. La sociedad me abrió sus portales. Entré directamente en la planta noble y mi desilusión fue rápida. Me senté a cenar con los amos de la sociedad, y con las esposas e hijas de los amos de la sociedad. Las mujeres estaban bellamente ataviadas, lo admito, pero, para mi ingenua sorpresa, descubrí que estaban hechas del mismo barro que todas las demás mujeres que había conocido abajo en el sótano.

«La señora del coronel y Judy O'Grady eran hermanas bajo la piel»[41] y los vestidos. No fue esto, sin embargo, tanto como su materialismo, lo que me conmocionó. Es cierto, estas mujeres bellamente vestidas y hermosas parloteaban sobre ideales bonitos y pulcras moralidades; pero a pesar de su charlatanería, la nota dominante de la vida que llevaban era materialista. ¡Y eran tan sentimentalmente egoístas! Ayudaban en todo tipo de pequeñas y tiernas obras de caridad, e informaban a uno del hecho, mientras que todo el tiempo la comida que comían y la hermosa ropa que vestían eran compradas con dividen-

41. «*The colonel's lady and Judy O'Grady were sisters under their skins*», es una cita del poeta y narrador británico Rudyard Kipling, en concreto del poema «The Ladies», incluido en *Barrack-Room Ballads*, 1892.

dos manchados con la sangre del trabajo infantil, y de la mano de obra explotada, y de la prostitución misma.

Cuando mencioné tales hechos, esperando en mi inocencia que estas hermanas de Judy O'Grady se despojaran de inmediato de sus sedas y joyas teñidas de sangre, se agitaron y se enfadaron, y me leyeron sermones sobre la falta de ahorro, la bebida y la depravación innata que causaba toda la miseria en el sótano de la sociedad. Cuando mencioné que no podía entender que fuera la falta de ahorro, la embriaguez y la depravación de un niño medio hambriento de seis años las que lo hacían trabajar doce horas cada noche en una fábrica de algodón del Sur, estas hermanas de Judy O'Grady atacaron mi vida privada y me llamaron «agitador», ¡como si eso, por cierto, zanjara la discusión!

Tampoco me fue mejor con los propios amos. Había esperado encontrar hombres que fueran limpios, nobles y que estuvieran vivos, cuyos ideales fueran limpios, nobles y vivos. Anduve entre los hombres que se sentaban en los lugares altos: los predicadores, los políticos, los hombres de negocios, los profesores y los editores. Comí carne con ellos, bebí vino con ellos, fui en automóvil con ellos y los estudié. Es cierto, encontré muchos que eran limpios y nobles; pero, salvo raras excepciones, no estaban vivos. De verdad creo que podría contar las excepciones con los dedos de mis dos manos. Allí donde no estaban vivos de podredumbre, animados por una vida impura, estaban simplemente muertos sin enterrar: limpios y nobles, como momias bien conservadas, pero no vivos. En este sentido puedo mencionar especialmente a los profesores que conocí, los hombres que viven a la altura de ese ideal universitario decadente, «la búsqueda desapasionada de la inteligencia desapasionada».

Conocí hombres que invocaban el nombre del Príncipe de la Paz en sus diatribas contra la guerra, y que ponían rifles en manos de los Pinkertons para disparar a los huelguistas en sus propias fábricas. Conocí hombres incoherentes con indignación ante la brutalidad del boxeo, y que, al mismo tiempo, eran parte de la adulteración de alimentos que mataba cada año más bebés de los que incluso Herodes, el de las manos manchadas de sangre, había matado.

Hablé en hoteles, clubes, casas, vagones Pullman[42] y en butacas de barcos de vapor con capitanes de la industria, y me maravilló lo poco que habían viajado en el ámbito del intelecto. Por otro lado, descubrí que su intelecto, en el sentido de los negocios, estaba anormalmente desarrollado. Además, descubrí que su moralidad, en lo que respecta a los negocios, era nula.

Este caballero delicado, de rasgos aristocráticos, era un director títere y una herramienta de corporaciones que secretamente robaban a viudas y huérfanos. Este caballero, que coleccionaba ediciones finas y era un mecenas destacado de la literatura, pagaba chantaje a un jefe de la maquinaria municipal de mandíbula ancha y cejas negras. Este editor, que publicaba anuncios de medicamentos patentados y no se atrevía a decir la verdad sobre ellos en su periódico por miedo a perder la publicidad, me llamó un demagogo ruin porque le dije que su economía política estaba anticuada y que su biología era contemporánea de Plinio.

---

42. Vagones de tren de lujo para pasajeros de alto nivel económico, diseñados y fabricados por George Pullman (1831-1897). Fueron muy populares en Estados Unidos a finales del siglo XIX y se convirtieron en sinónimo de viaje cómodo y exclusivo. La empresa Pullman Company fue conocida por sus huelgas y conflictos laborales, en especial la Huelga de Pullman de 1894, que marcó la historia laboral estadounidense.

Ese senador era la herramienta y el esclavo, el pequeño muñeco de un jefe de maquinaria burdo e inculto; lo mismo ocurría con este gobernador y este juez del Tribunal Supremo; y los tres viajaban gratis en tren gracias a pases ferroviarios. Este hombre, hablando sobria y sinceramente sobre las bellezas del idealismo y la bondad de Dios, acababa de traicionar a sus camaradas en un negocio. Este hombre, pilar de la iglesia y gran contribuyente a las misiones extranjeras, hacía trabajar a sus empleadas de tienda diez horas al día con un salario de hambre y con ello fomentaba directamente la prostitución. Este hombre, que dotaba cátedras en universidades, perjuró ante los tribunales por un asunto de dólares y centavos. Y este magnate ferroviario rompió su palabra como caballero y cristiano cuando otorgó un descuento secreto a uno de los dos capitanes de la industria que se encontraban enfrascados en una lucha a muerte.

Era lo mismo en todas partes, crimen y traición, traición y crimen: hombres que estaban vivos, pero que no eran ni limpios ni nobles, hombres que eran limpios y nobles, pero que no estaban vivos. Luego había una gran masa, sin esperanza, ni noble ni viva, sino simplemente limpia. No pecaba positiva ni deliberadamente, pero pecaba pasiva e ignorantemente al aceptar la inmoralidad actual y beneficiarse de ella. Si hubiera sido noble y viva, no habría sido ignorante, y se habría negado a compartir las ganancias de la traición y el crimen.

Descubrí que no me gustaba vivir en la planta noble de la sociedad. Intelectualmente, estaba igualmente aburrido. Moral y espiritualmente, estaba asqueado. Recordé a mis intelectuales e idealistas, a mis predicadores despojados de sotana, profesores rotos y trabajadores de mente limpia y conciencia de clase. Recordé mis días y noches iluminados por el sol y las estrellas, donde la vida era toda una salvaje y dulce maravilla, un paraíso espiritual de aventura desinteresada y romance ético. Y vi ante mí, siempre resplandeciente y ardiendo, el Santo Grial.

Así que volví a la clase trabajadora, en la que había nacido y a la que pertenecía. Ya no me interesa escalar. El imponente edificio social que se alza sobre mí no me brinda ninguna satisfacción. Es la cimentación del edificio lo que me interesa. Allí me contento con trabajar, palanca en mano, hombro con hombro con intelectuales, idealistas y trabajadores con conciencia de clase, dando de vez en cuando un buen empujón y haciendo que todo el edificio se tambalee. Algún día, cuando consigamos algunas manos y palancas más para trabajar, lo derribaremos, junto con toda su vida podrida y sus muertos sin enterrar, su monstruoso egoísmo y materialismo pringoso. Luego limpiaremos el sótano y construiremos una nueva vivienda para la humanidad, en la que no habrá planta noble, en la que todas las habitaciones serán luminosas y aireadas, y donde el aire que se respire será limpio, noble y vivo.

Tal es mi perspectiva. Espero el momento en que el hombre progrese sobre algo más digno y elevado que su estómago, cuando habrá un incentivo más elevado para impulsar a los hombres a la acción que el incentivo de hoy, que es el incentivo del estómago. Mantengo mi creencia en la nobleza y la excelencia de lo humano. Creo que la dulzura espiritual y el desinterés conquistarán la burda glotonería de hoy. Y por último, mi fe está en la clase trabajadora. Como ha dicho un francés: «La escalera del tiempo siempre retumba con el zapato de madera que sube y la bota pulida que baja».

Newton, Iowa / Noviembre, 1905.
Cosmopolitan / Marzo, 1906.

Métodos de huelga: americanos y australianos

Australia es tan diferente a otros países civilizados que el recién llegado se verá en apuros para orientarse. Sin tener en cuenta otras tantas características únicas, el hombre que acabe de desembarcar en sus costas se quedará perplejo ante la situación política y económica de Australia.

Cuando leo en la prensa diaria que los piquetes otorgan el salvoconducto a las personas que entran o salen de la mina privada, y que, a veces, les abuchean y se burlan de ellos, me quedo asombrado. En los Estados Unidos, de acuerdo con la ley tal y como es interpretada en el presente, el piquete sindical es insignificante. No tiene sentido que exista. Si se atreviera a asumir la función de conceder salvoconductos a cualquier hombre entrando o saliendo de la propiedad sería atacado por la policía, tanto a pie como a caballo, embestido por soldados y barrido de la existencia por el fuego de fusiles con cargador y ametralladoras. No, en Estados Unidos, un piquetero ni siquiera se atreve a dirigirse a un esquirol con las palabras más conciliadoras. Una persuasión moral de ese tipo se considera un ataque incendiario contra la constitución del país y la libertad del pueblo, y cualquier piquetero lo suficientemente imprudente como para decir «buenos días» a un esquirol es inmediatamente arrestado. Y también tiene suerte si la tesorería de su sindicato no es multada, mediante el debido proceso legal, por grandes daños y perjuicios civiles.

Francamente y sin rodeos, nuestra policía, los detectives privados, los Pinkerton y los pistoleros profesionales; nuestros alguaciles, sheriffs y agentes federales; nuestra milicia, el ejército regular e incluso nuestros tribunales, libran las batallas del capital contra el trabajo. Australia está tan retrasada en su desarrollo, o tan avanzada si lo prefieren, que la función de las autoridades civiles y militares en los conflictos industriales es únicamente preservar el orden. Como resultado, los conflictos industriales se desarrollan de forma mucho más pacífica, y con mucho menos desorden y violencia que en nuestro caso.

Porque para nosotros una huelga es casi una guerra civil, una revuelta contra todos los poderes del gobierno. Niégale a un piquete el derecho a intentar persuadir a un esquirol y estará más dispuesto a tirarle un ladrillo. La violencia engendra violencia. La represión causa explosión. La fuerza es respondida con fuerza, y cuando el capital bombardea el trabajo con balas de fusil, órdenes judiciales y demandas por daños, el trabajo contraataca con cualquier arma que tenga a su alcance. La barbarie primitiva sustituye a la civilización, y los funcionarios de las morgues y los hospitales de emergencia trabajan horas extra.

Australia es afortunada. La singularidad de su desarrollo, que, al menos yo, soy demasiado nuevo para intentar formular, hace posible una resolución más ordenada y pacífica de las dificultades industriales. Por otra parte, aunque Australia es muy diferente en muchos aspectos, hay algunos principios fundamentales que son universales y tan verdaderos para Australia como para el resto de países del mundo. La ley de la gravitación sigue vigente en las antípodas; dos más dos no es ni más ni menos que cuatro, y los tres ángulos de un triángulo equivalen a dos ángulos rectos. La psicología humana es muy parecida en toda la superficie de la tierra, y es exactamente igual en ciertos aspectos relacionados con la conducta de las huelgas. La típica huelga, para tener éxito, debe contar con la opinión pública a favor de los huelguistas. Esto es cierto en Europa, en Inglaterra, en América y en Australia. Otro principio general, igualmente verdadero, es que el favor de la opinión pública siempre se pierde cuando los huelguistas proceden a la destrucción de la propiedad. De esto ha surgido la política de los líderes laborales de evitar la destrucción de la propiedad.

Por ello me permito afirmar que, en la cuestión de volar tuberías principales y vías ferroviarias en funcionamiento en Broken Hill, los hombres que estaban en huelga no han tenido nada que ver. Tom Mann, por ejemplo, es un veterano demasiado experimentado en luchas laborales como para emprender una vía tan suicida. Y me atrevo además a asegurar que los capitalistas de Australia no se sintieron más eufóricos por la nimia destrucción de propiedad que Tom Mann entristecido por ella. Cada destrucción menor se convierte en un punto a favor de los propietarios y en contra de los huelguistas. Si con el tiempo se esclarecen estos hechos, es seguro suponer que la culpa recaerá sobre alborotadores aislados[43].

Si la escena sucediera en América, donde estamos más avanzados en la guerra industrial, lo más probable es que fueran los mismos capitalistas los responsables de la destrucción de la propiedad. Es una costumbre que tenemos en Estados Unidos. No me atrevería a acusar a los propietarios de Broken Hill de haber tenido participación en la destrucción de la propiedad. Es cierto que esa

43. London utiliza el término *larrikin*, un australianismo que surgió en el siglo XIX para designar de forma despectiva a jóvenes revoltosos, alborotadores urbanos, de clase social trabajadora baja, que mostraban desprecio por la autoridad y las normas sociales.

destrucción beneficia de forma clara a los propietarios, en la medida en que afecta a la opinión pública. Pero, por otro lado, soy un recién llegado a Australia y no sé cómo de inteligentes son los patrones. Además, creo que son tan inexpertos en la guerra industrial que aún no han llegado a la desfachatez de destruir su propia propiedad para romper una huelga.

En Estados Unidos, los capitalistas destruyen sus bienes por costumbre. El señor Carrol D. Wright, comisionado de Trabajo de los Estados Unidos, en su informe para el Gobierno sobre la gran huelga del ferrocarril, anunció que los mismos ferrocarriles habían sido responsables de la quema de muchos vagones de carga. Es un mecanismo bien simple. Y bien práctico. Siempre vuelve a la opinión pública en contra de los huelguistas, y permite a las autoridades movilizar las tropas. En los problemas laborales de las regiones mineras del Oeste, los propietarios hicieron explotar sus minas y, en una ocasión, volaron una estación de ferrocarril, matando a más de una veintena de mineros esquiroles. Esto último no era su intención, por supuesto. Estaba previsto que la explosión tuviera lugar antes de que los esquiroles aparecieran. Pero, como dijo algún poeta, no conviene jugar con fuego.

Otro truco de los capitalistas en Estados Unidos es encarcelar a los líderes de la huelga. Esto es equivalente a retirar a un general del campo de batalla en mitad de la contienda. En la huelga de la A.R.U.[44], Eugene Debs, fue arrestado y condenado a seis meses de cárcel por desacato

44. La Unión Ferroviaria Americana (*American Railway Union*) fue un sindicato fundado en 1893 por Eugene V. Debs con la intención de unir a todos los trabajadores del ferrocarril. Durante la huelga en Pullman, Illinois, en 1984, la A.R.U. apoyó un boicot nacional. Tras la represión de la huelga, durante la que murieron más de treinta trabajadores, la A.R.U. quedó prácticamente destruida.

al tribunal. Fue como retirar a Wellington de Waterloo en mitad de la jornada. Naturalmente, la huelga de la A.R.U. fue sofocada.

En 1894, bajo la presión de tiempos difíciles, muchos miles de desempleados formaron «ejércitos» y marcharon hacia Washington para exigir trabajo al Gobierno. El líder era un tal Coxey. Era una situación seria. Pero las autoridades lo resolvieron. El día que se celebró la gran manifestación frente al Capitolio en Washington, la policía empujó a Coxey al césped y luego lo arrestó por allanamiento. Veo que Tom Mann ha sido arrestado por invasión de la propiedad en Broken Hill. Esto nos lleva a la posible generalización de que Australia está atrasada en su desarrollo, más que avanzada, ya que nuestras autoridades en Estados Unidos utilizaron el mismo truco hace quince años.

¿Por qué hay huelgas, en cualquier caso? El hombre medio las acepta como un fenómeno incómodo pero natural, que debe ser tolerado, pero parece que no tiene una comprensión clara de la razón fundamental de la existencia de las huelgas.

Con el objetivo de vislumbrar esta razón, analicen cualquier proceso industrial en particular. Supongamos que aquí hay una fábrica de zapatos. La piel en bruto, pongamos que por un valor de 100 libras, entra en la fábrica y sale como zapatos acabados, con un valor, digamos, de 200 libras. ¿Qué ha ocurrido? De alguna manera se ha añadido un valor de 100 libras. ¿Cómo se ha añadido? Capital y mano de obra se combinaron para aumentarlo. El capital proporcionó la fábrica, las máquinas, la piel en bruto y los gastos de mantenimiento. La mano de obra puso el trabajo. Así, las 100 libras de valor añadido son el producto conjunto del capital y la mano de obra.

Ahora viene la cuestión de la división del producto conjunto. El capital se lleva su parte en beneficios.

La mano de obra se lleva su parte en salarios. Y es justo aquí, en la división del producto conjunto, donde surge el problema. Los trabajadores son hombres, los capitalistas son hombres, y uno de los rasgos fundamentales de la naturaleza humana es el egoísmo en la división del producto conjunto. El capital quiere todo lo que pueda obtener y la mano de obra quiere todo lo que pueda conseguir. Capital y mano de obra comienzan entonces a reñir sobre el reparto. Y cuando la disputa se torna más intensa, hay una huelga. La mano de obra pone a todos los dioses como testigos de que, si no recibe una parte mayor del producto conjunto, se arruinará si produce más producto conjunto. Y el capital dice lo mismo. Y ahí los tienes, dos niños peleándose por el mismo trozo de pan con mantequilla.

Y recordad esto, lo que es cierto de este proceso industrial en concreto es cierto para cualquier otro proceso industrial. Capital y trabajo, al combinarse para producir productos conjuntos, discuten sobre la división de dichos productos.

Muchos harán la misma pregunta: ¿alguna vez llegará la paz industrial? Y la única respuesta es que nunca lo hará mientras se mantenga el actual sistema de producción industrial. La naturaleza humana no cambiará. El capital continuará queriendo todo lo que pueda obtener, la mano de obra seguirá queriendo todo lo que pueda conseguir. Y en ambos lados lucharán para alcanzarlo. No, el león y el cordero nunca se tumbarán juntos en las verdes praderas.

«¿Entonces debemos soportar para siempre la anarquía irracional de las huelgas y los cierres patronales?». No exactamente, es la respuesta. Hay dos maneras en las que se puede alcanzar la paz industrial. O el capital poseerá de forma absoluta la mano de obra, o la mano de obra poseerá de forma absoluta el capital. Y no habrá más huelgas. Personalmente, creo que será la mano de obra la que llegará a ser dueña del capital. Todos los capitalistas podrían morir esta noche, pero el capital permanecería. La mano de obra podría hacer sonar el silbato e ir a trabajar mañana por la mañana como hizo esta mañana. Pero si toda la mano de obra muriera esta noche, se llevaría su fuerza de trabajo con ella. No sonaría ningún silbato mañana por la mañana, porque, ¡ay!, no habría mano de obra para que la maquinaria funcionara.

Más allá, es ilógico pensar que el capital pueda ser dueño absoluto de la mano de obra. Eso equivaldría a la esclavitud absoluta, una regresión hacia la noche primigenia de la que ha emergido la civilización. Y la civilización ha señalado el ascenso del hombre común, de la mano de obra, si se quiere. Por lo que parece, al leer el pasado, el futuro pertenece a la mano de obra. Y el día en que la democracia industrial se sume a la democracia política, todos serán trabajadores. Existirá un capital mucho más vasto, pero no habrá capitalistas. En otras palabras, el sistema de producción con fines de lucro habrá sido reemplazado por el sistema de producción orientado al servicio.

Australian Star / 14 de enero, 1909.

Carta de renuncia dirigida al Partido Socialista de América

Queridos camaradas:

Renuncio al Partido Socialista de América debido a su falta de ímpetu y combatividad, y a la pérdida de énfasis en la lucha de clases.

En origen fui miembro del viejo Partido Socialista, el que se alzaba sobre las patas traseras y se lanzaba a la pelea. Desde entonces, y hasta el día de hoy, he sido un miembro activo del Partido Socialista de América. Mi trayectoria de lucha en la causa no ha caído en el olvido, ni siquiera a estas alturas. Formado en la lucha de clases, tal como la enseñaba y practicaba el Partido Socialista Laborista —de acuerdo con mi propio juicio más elevado—, creía que la clase trabajadora, luchando, sin fundirse jamás y sin pactar con el enemigo, podría emanciparse. Dado que la tendencia del socialismo en los Estados Unidos de América durante los últimos años se ha caracterizado por la paz y el compromiso, considero que mi conciencia no justifica seguir siendo miembro del Partido.

Por favor, incluyan la renuncia de mi camarada esposa, Charmian K. London, junto con la mía.

Mi última palabra es que la libertad, la independencia y la autonomía son cosas reales, nobles, que no pueden ser presentadas ni impuestas a razas o clases. Si las razas y las clases no pueden elevarse por su propia fuerza mental y física, y arrebatar al mundo la libertad, la independencia y la autonomía, nunca podrán llegar a poseer estos bienes supremos. Y si tales bienes supremos les son amablemente ofrecidos por individuos superiores en

Jack Londo y su esposa, Chariman.

bandejas de plata, no sabrán qué hacer con ellos, no podrán sacarles provecho y seguirán siendo, como siempre han sido en el pasado, razas y clases inferiores.

Por la Revolución, suyo,

Jack London
Honolulu / 7 de marzo, 1916.

Índice